Renate Dittus-Bär

Großmutters Kräuterapotheke

Schönes und Nützliches aus Pflanzen

67 Farbfotos

Ulmer

Inhalt

Vorwort

Dieses Buch ist meinen Kindern Felix, Julia und Charlotte gewidmet.

Kräuter und Heilpflanzen erleben zu Recht seit geraumer Zeit eine Renaissance, nachdem sie lange Jahre in Vergessenheit geraten waren. Dank der modernen Wissenschaft lässt sich heute eindeutig belegen, dass sie hochwertige Inhaltsstoffe enthalten.

Dieses Buch führt Sie ein in die faszinierende Welt der Kräuter. Sie erfahren alles Wissenswerte über den richtigen Umgang mit den gebräuchlichsten Kräutern und Heilpflanzen. Die ersten Kapitel widmen sich den praktischen Arbeiten im Kräutergarten. Sie erklären alle wichtigen Schritte von der Aussaat bis hin zur Ernte und Konservierung.

Viele der porträtierten Pflanzen sind Heil- und Würzkräuter zugleich. Die Kapitel Omas Haus- und Heilmittel, Feines aus Omas Küche und Schönes aus Omas Haushalt enthalten vielerlei nützliche Tipps und kreative Ideen für die Verwendung der geernteten Pflanzen und Kräuter. So können Sie dann selbst nach Herzenslust anbauen, ansetzen, rühren und gestalten. Ob Sie nun leichte gesundheitliche Beschwerden mit den entsprechenden Heilpflanzen kurieren, Ihre eigene individuelle Würzmischung zusammenstellen oder jemanden mit einem selbst gemachten Geschenk überraschen, hier finden Sie Anregungen und Rezepte. Das Kapitel Pflanzenporträts schließlich stellt die wichtigsten Heil- und Würzpflanzen mit ihren verschiedenen Einsatzmöglichkeiten vor.

Die Kamille spielte schon in alten Kräuterbüchern ein wichtige Rolle.

Pflanzen umgeben den Menschen schon seit Urzeiten. Ich möchte meine Liebe zu Pflanzen, die mich von Kind an begleitet und meine Berufswahl beeinflusst hat, an Sie weitergeben. Es macht einfach Spaß, sich mit Pflanzen zu beschäftigen und es kann bis ins hohe Alter von großem Nutzen sein.

Renate Dittus-Bär
Stuttgart, im August 2002

Kräuter gestern und heute

Die moderne Pflanzenheilkunde (Phytotherapie) blickt auf eine jahrtausendealte Tradition zurück. Seit Urzeiten sammelten die Menschen Blätter, Blüten, Früchte oder Wurzeln und gaben ihr Wissen von Generation zu Generation weiter. Zahlreiche Samenfunde bei Ausgrabungen belegen, dass man Pflanzen schon sehr früh als Nahrungs- und Heilmittel schätzte. So fand man beispielsweise am Bodensee in Pfahlbauten aus der Jungsteinzeit Reste von Angelika, Holunder, Kümmel, Mohn und Schlehe. Die ersten schriftlichen Aufzeichnungen über Pflanzen stammen aus dem Jahr 3000 v. Chr., als in China das erste Heilpflanzenbuch verfasst wurde. Auch in ägyptischen Pharaonengräbern entdeckte man rund 800 ausführliche Rezepturen mit Arzneipflanzen. Als geistiger Vater der abendländischen

Die Kapuzinerkresse ist dekorativ und schmeckt würzig.

In diesem bunt gemischten Kräuterbeet wachsen Ringelblumen, Thymian, Weinraute und Borretsch.

Medizin gilt der griechische Arzt Hippokrates (460–370 v. Chr.).

Die Verbreitung der Kräuter in unseren Breiten ist im Wesentlichen ein Verdienst von Kaiser Karl dem Großen. 812 erließ er die »Capitulare de villis«, eine Verordnung für seine Landgüter mit genauen Anweisungen, welche Kräuter und Pflanzen dort unbedingt angebaut werden sollten. Dazu gehörten Anis, Bohnenkraut, Dill, Diptam, Eberraute, Fenchel, Kerbel, Knoblauch, Koriander, Kresse, Kreuzkümmel, Liebstöckel, Minze, Muskatellersalbei, Petersilie, Raute, Salbei, Schnittlauch, Sellerie, Senf, Rainfarn, Rosmarin, Tausendgüldenkraut und Zwiebeln.

Eine der bedeutendsten Frauen des Mittelalters war Hildegard von Bingen (1098–1179). Die große Theologin, Heilkundige und Ratgeberin von Kaiser und Papst katalogisierte 280 Pflanzen und Bäume und beschrieb ihren Nutzen für Heilzwecke.

Zu Beginn des Mittelalters waren Krankheit und Gesundheit eng mit religiösem Glauben, aber auch mit Aberglauben verbunden. Die Diagnostik und Behandlung bestand aus Pulskontrolle, Überprüfung des Urins und Aderlass. Erst mit den Mönchen brach eine neue Zeit in der Heilkunde an. Sie erprobten überliefertes Wissen aus dem Altertum und ergänzten es durch eigene Erfahrungen. So manches Kräutlein war bei uns heimisch. Man sammelte es in der Natur oder baute es im Klostergarten an. Andere wiederum wurden von weither eingeführt. Viele unserer mehr als 1000 Jahre alten Gewürze stammen aus dem Mittelmeerraum. Da ihr Anbau problemlos war, holten die Benediktinermönche Ableger vieler Heil- und Küchenkräuter von ihrem Stammkloster auf dem Monte Cassino in den rauen Norden.

Mit der Erfindung des Buchdrucks wurde das hinter Klostermauern gehütete kräuterkundliche Wissen schließlich breiteren Volksschichten zugänglich gemacht. In der Folge wuchsen dann auch in Bauern- oder Bürgergärten immer häufiger Gewürz- und Heilpflanzen.

Eine Hochblüte erlebte die Pflanzenheilkunde nochmals im 18. und 19. Jahrhundert mit Sebastian Kneipp, Johann Künzle und Samuel Hahnemann. Sie lehrten den Umgang mit den Kräutern, der »Herrgotts Apotheke«. Im 20. Jahrhundert nahm der Verbrauch an frischen Kräutern dann stark ab. Außer Petersilie und Schnittlauch kannten die modernen Menschen kaum mehr frische Würzkräuter, die noch ihre Großmütter ganz selbstverständlich in der Küche verwendet hatten.

Zum Glück geht der Trend der letzten Jahre wieder zurück zur Natur. In einer von Technik geprägten Welt möchten viele wieder gesünder und natürlicher leben. So erleben zahlreiche vergessene Kräuter gerade eine Renaissance. Denn ihre gesunden Inhaltsstoffe – Vitamine, Mineralien, ätherische Öle, Bitter- und Gerbstoffe sowie sekundäre Pflanzenwirkstoffe – machen frische Kräuter für die Küche unentbehrlich. Einzigartig sind ihr Geschmack, ihr Wohlgeruch und ihre Würzkraft.

Im Kräutergarten

Den Grundstock für ihren Kräutervorrat legten unsere Großmütter im Garten. Denn nur der sorgfältige Anbau und die liebevolle Pflege jedes Kräuterleins garantierte eine reiche und hochwertige Ernte. Daran hat sich bis heute nichts geändert.

Die Aussaat

Für die Aussaat brauchen Sie saubere Schalen, Kisten oder Töpfe mit einem Wasserabzug. Ob Sie selbst aussäen oder Jungpflanzen kaufen, hängt vom Platzangebot in Ihrem Garten ab. Je früher Sie die Kräuter aussäen, desto früher können Sie auch ernten. Wer bereits im Februar mit der Aussaat beginnt, kann nach den Eisheiligen schon kleine Pflanzen ins Freiland setzen. Haben Sie kein Gewächshaus, so stellen Sie die Schalen einfach auf eine warme, helle Fensterbank.

Spezielle Aussaaterde ist mager und steril, also frei von Keimen. Sie ist gebrauchsfertig im Fachhandel erhältlich. Normale Blumenerde eignet sich mit ihrem hohen Nährstoffgehalt nicht für die Aussaat. Die Erde wird zuerst gesiebt. Dann geben Sie die gröbere Erde, die im Sieb zurückbleibt, auf den Boden der Aussaatkiste und füllen mit der gesiebten Erde auf. Jetzt stoßen Sie die Kiste auf, damit sich die Erde setzt, und drücken die Erde an den Rändern an. Anschließend wird die gesamte Erde leicht mit einem Brettchen angedrückt. Dabei sollte oben ein Rand von 1 cm frei bleiben.

Achten Sie bei den Samen darauf, ob es sich um Licht- oder Dunkelkeimer handelt. Lichtkeimer werden überhaupt nicht mit Erde abgedeckt. Bei Dunkelkeimern gilt folgende Faustregel: Man bedeckt sie viermal so hoch mit Erde wie der Samen groß ist. Alle Samen werden breitwürfig in die Aussaatkiste gestreut. Einzig Kerbel, Kresse und Schnittlauch werden recht eng ausgebracht. Anschließend übersieben Sie die Dunkelkeimer mit Erde, gießen vorsichtig an und decken die

Kräuter kann man bereits im frühen Frühjahr im Gewächshaus vorziehen.

Kiste mit einer Glasscheibe oder Plastikfolie ab.

Die Samen dürfen nie austrocknen. Wird die Keimung nämlich unterbrochen, stirbt der Samen ab. Sorgen Sie für eine gespannte Luft, dann keimen die Pflanzen schneller. Hierfür sprühen Sie die Erde oft an – etwa mit einem Wäschesprenger – und halten die Aussaat warm und abgedeckt. Verlieren Sie nicht die Geduld, wenn sich so schnell nichts tut, manche Pflanzen brauchen für die Keimung etwas länger. Auf der Samentüte ist die Keimzeit stets angegeben. Beschriften Sie ein Etikett mit Datum und Pflanzenname und stecken Sie es in die Kiste. So wissen Sie auch später noch, was in der Aussaatkiste wächst.

Sobald sich erste Pflänzchen zeigen, beginnt man mit dem Lüften, um die Jungpflanzen abzuhärten. Am Anfang nehmen Sie die Glasscheibe, Plastikfolie oder Belüftung des Gewächshauses nur stundenweise ab. Nach 1 bis 2 Wochen kann sie ganz abgenommen werden. Die Frischluftzufuhr ist wichtig, da Schimmelpilze sonst ganz schnell von der Aussaat Besitz ergreifen. Sind die Pflanzen groß genug gewachsen, werden sie pikiert (siehe rechte Seite).

Sie können auch direkt ins Freiland, ins Frühbeet oder unter Folientunnel aussäen. Nachdem das Beet ein wenig erwärmt, frei von Unkraut und feinkrümelig geharkt ist, ziehen Sie flache Rillen. Achten Sie dabei auf den Reihenabstand. Auch hier werden Dunkelkeimer mit Erde oder Sand bestreut. Damit das Beet gleichmäßig feucht bleibt und die Samen schneller keimen, wird es nach dem Angießen mit Säcken, geschlitzter Kunststofffolie oder Flies abgedeckt. Die Abdeckung beschwert man an den Seiten mit Steinen. So kann der Wind sie nicht verwehen.

Als Erstes können Sie Kerbel, Kresse und Petersilie ins Freiland säen, denn diese sind wenig frostempfindlich. Ab April folgen Borretsch, Dill, Kümmel und Ringelblumen. Ab Mitte Mai sind Bohnenkraut, Kapuzinerkresse und Majoran an der Reihe. Ab Mai werden auch gesondert die mehrjährigen Kräuter Fenchel, Liebstöckel, Melisse, Pimpinelle und Schnittlauch ausgesät. Sie werden später noch umgepflanzt. Dill, Kerbel und Petersilie hingegen bleiben im Beet und werden bei Bedarf nur etwas ausgedünnt. Bei wärmebedürftigen Pflanzen wie Basilikum, Majoran, Lavendel, Rosmarin, Salbei und Thymian empfiehlt sich eine Vorkultur im Haus.

Wurzelteilung, Stecklinge und Absenker

Einige Pflanzen lassen sich schlecht oder gar nicht durch Samen vermehren. Hier bietet sich die Teilung des Wurzelstocks an. Diese ungeschlechtliche (vegetative) Vermehrung ist an keine Befruchtung gebunden. Zudem verfügt man gleich über relativ große Pflanzenteile. Sie klappt gut bei Balsamkraut, Melisse, Oregano und Schnittlauch. Hierfür graben Sie den Wurzelballen vorsichtig mit einer Grabgabel aus. Dann zerteilen Sie ihn mit den Händen, einem Messer oder einem Spaten und pflanzen die Teile sofort wieder mit Abstand ein. Gehen

Sie schonend mit den Wurzeln um. Auch dürfen Sie die Pflanzen nicht tiefer einpflanzen als vorher.

Estragon und alle Minzen lassen sich durch Wurzelausläufer vermehren. Dafür stechen Sie einen Wurzeltrieb mit dem grünen oberirdischen Teil ab. Nachdem Sie den oberirdischen Trieb etwa um die Hälfte eingekürzt haben, pflanzen Sie ihn an anderer Stelle wieder ein. Beinwell, Liebstöckel und Meerrettich kann man gut durch Wurzelstücke vermehren. Diese Vermehrungsart wird im zeitigen Frühjahr oder im Herbst durchgeführt.

Bei Bergbohnenkraut, Duftpelargonien, Eberraute, Estragon, Lavendel, Salbei, Rosmarin, Thymian und Ysop greift man zur Vermehrung durch Stecklinge. Dafür schneiden Sie in der Zeit von Juni bis August mit einem sauberen, scharfen Messer junge, unverholzte Triebe mit genügend Festigkeit von gesunden Mutterpflanzen ab. Die Stängel sollten 5 bis 7 cm lang sein und dürfen nicht gequetscht werden. Nach dem Entfernen der unteren Blätter steckt man sie in vorbereitete Pflanztöpfchen mit einem Kompost-Sand-Gemisch. Die Erde wird um die Stängel herum gut angedrückt und anschließend gleichmäßig feucht gehalten. Decken Sie die Pflanztöpfchen mit Folie ab. Die Stecklinge bleiben im Schatten, bis sich Wurzeln gebildet haben. Sie erkennen das sehr gut am Neuaustrieb kleiner Blättchen. Den ersten Winter verbringen die Jungpflanzen an einem warmen, hellen Fenster im Haus oder Gewächshaus. Erst nach den letzten Frühjahrsfrösten kommen sie ins Freiland.

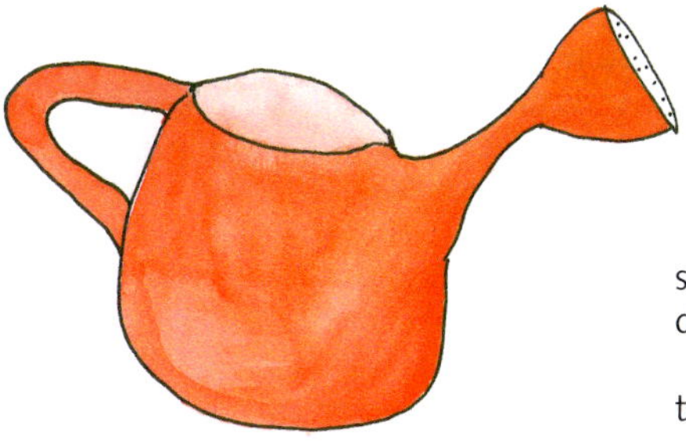

Andere Pflanzen vermehrt man durch Absenker. Diese Methode eignet sich besonders für Apothekerrose und Salbei. Dafür biegt man an einem trüben Tag einen Zweig der Mutterpflanze mithilfe eines Drahtbügels zum Boden herunter, steckt ihn fest und bedeckt diese Stelle mit Erde. Der Absenker bildet jetzt hier neue Wurzeln.

Sämlinge pikieren

In den Aussaatschalen herrscht bald Platz-, Nährstoff- und Lichtmangel und das Wachstum der Jungpflanzen gerät ins Stocken. Um dem vorzubeugen, werden die Pflänzchen herausgenommen und in frische, nähstoffreichere Erde umgesetzt. Sobald die Pflänzchen 5 bis 7 cm groß sind, werden sie mit einem Pikierholz oder einem Bleistift einzeln vorsichtig aus der Erde gehoben. Mit dem Pikierholz stechen Sie dann Pflanzlöcher in das neue Substrat und stecken die Pflänzchen hinein. Gießen Sie zuletzt sanft an, damit sich die Erde dicht um die Wurzeln legt.

Zum Pikieren eignen sich Blumentöpfe, Torfanzuchttöpfe oder Balkonkästen. Die frisch umgesetzten Jungpflanzen sind recht empfindlich und dürfen weder direkter Sonne noch Zugluft ausgesetzt werden. Nach einigen Tagen können Sie die Pflanzen an einem schattigen und geschützten Platz stundenweise ins Freie stellen.

Die passende Erde

Die Erde gibt der Pflanze Halt und Nahrung. Deshalb ist die Kenntnis der Bodenbeschaffenheit sehr wichtig, denn sie muss auf die Bedürfnisse der Pflanze abgestimmt sein. Da viele Kräuter und Heilpflanzen aus dem Mittelmeerraum stammen und eher spartanisch leben, brauchen sie wenige Nährstoffe, also einen eher mageren Boden. In unseren Gärten hingegen findet man meist schwere Lehmböden, die aufbereitet werden müssen. Ideal ist ein humoser, lockerer und krümeliger Gartenboden. Wer Erde vom Acker holt, muss darauf achten, ob dort gespritzt oder Dünger ausgebracht wurde.

Einen hohen Nährstoffbedarf haben Borretsch, Estragon, Kapuzinerkresse und Liebstöckel. Sie fühlen sich auch in Blumenerde wohl, die mit etwas Sand und Kompost gemischt wurde. Für alle übrigen Kräuter empfiehlt sich keine Blumenerde, da sie zu viel Nährstoffe besitzt. Die Pflanzen schießen dann nur ins Kraut und verlieren ihr Aroma. Für Kresse, Majoran, Melisse, Oregano, Rosmarin, Salbei und Thymian genügt Gartenerde oder Kompost, gemischt mit einem Drittel Sand. Einen etwas höheren Nährstoffbedarf haben Basilikum, Bohnenkraut, die Minzen, Petersilie, Pimpinelle und Schnittlauch. Ihrem Boden wird entsprechend weniger Sand, dafür aber mehr Kompost beigemengt.

Decken Sie den Boden um die Pflanzen herum stets ab (mulchen). Der Boden trocknet dann nicht so schnell aus, Unkraut keimt schlechter und das Bodenleben wird aktiviert. Die Erde bleibt warm, Bakterien, Kleinstlebewesen und Pilze produzieren ständig Humus, der den Pflanzen zugute kommt. Im Winter deckt man die Beete mit Laub ab, das im Frühjahr wieder entfernt wird. Danach nimmt man Schnittgut, das gerade anfällt: Gras, Stroh oder ganz einfach Teile zurückgeschnittener Kräuter.

Sind die Kräuter in Töpfe gepflanzt, so sollten Sie die Erde jährlich erneuern. Im Gegensatz zum Gartenbeet, wo Kleinstlebewesen und Regenwürmer für eine ständige Bodenbearbeitung sorgen, sind die Nährstoffe im Topf schnell verbraucht sind und die Kräuter leiden unter Mangelerscheinungen.

Behutsam düngen

Kräuter benötigen also bis auf wenige Ausnahmen kaum Dünger. Aber ganz ohne zusätzliche Nahrung kommen sie nicht aus. Da Sie die Kräuter ernten, verzehren oder für Heilzwecke einsetzen, sollten Sie den Dünger mit Bedacht auswählen.

Für Kräuter eignen sich am besten organische Dünger wie Hornspäne, Guano oder Kompost. Am hochwertigsten ist Kompost, doch hat nicht jeder einen Komposthaufen in seinem

Eine Mischkultur aus Gemüse und Kräutern ist besonders empfehlenswert.

Garten. Horn-, Blut- und Knochenmehl fallen ebenfalls unter organische Dünger, ihre Anwendung ist jedoch Ansichtssache.

Auf gar keinen Fall sollten Sie Kräuter mit mineralischen oder natürlichen Mineraldüngern versorgen. Kräuter benötigen wirklich nur leichte Kost, Mineraldünger hingegen sind zu stickstoffhaltig.

Organische Dünger sind fast ausnahmslos Langzeitdünger und geben ihre Nährstoffe über einen längeren Zeitraum ab. Da einige Pflanzen jedoch einen höheren Nährstoffbedarf haben, müssen Sie diese zusätzlich düngen. Gerade Beinwell, Borretsch, Kapuzinerkresse, Meerrettich, Liebstöckel oder Schnittlauch brauchen einen zusätzlichen Nährstoffschub. Gießen Sie diese im Frühjahr und nochmals im Frühsommer mit einer Jauchebrühe.

Jauchebrühen

Pflanzenjauche ist eines der mildesten Düngemittel. Zudem unterstützt sie auch die Bekämpfung von Schädlingen.

Brennnesselbrühe

Brennnesselbrühe eignet sich zum Stärken und Düngen aller Gartenpflanzen. Die Zutaten sind denkbar einfach: junge Brennnesseltriebe und

Rainfarn in voller Blüte – hübsch und nützlich im Garten.

Regenwasser. Dann benötigen Sie noch ein Kunststofffass mit Deckel. Die Brennnesseltriebe werden vor der Blüte, also etwa bis Anfang Juli, geerntet. Füllen Sie diese in das Kunststofffass und geben Sie Regenwasser im Verhältnis 1 : 10 zu. 1 kg frisches Kraut übergießt man also mit 10 l Wasser. Legen Sie den Deckel auf und stellen Sie das Fass an einen sonnigen Platz. Der Ansatz muss regelmäßig umgerührt werden. Um den unangenehmen Geruch abzumildern, können Sie etwas Steinmehl zugeben. Je nach Witterung ist die Jauchebrühe nach 10 bis 12 Tagen fertig. Die Pflanzenreste setzen sich dann am Boden ab und die Flüssigkeit nimmt eine relativ klare, bräunliche Farbe an.

Zum Düngen verdünnen Sie die Brühe mit Wasser im Verhältnis 1 : 10, für Jungpflanzen im Verhältnis 1 : 20. Die Pflanzenjauche wird mit der Gießkanne direkt an die Wurzeln gegossen. Möchten Sie die ganze Pflanze stärken, so gießen Sie die Brühe auch über die Blätter.

Gehaltvoller wird die Brennnesselbrühe, wenn Sie noch 1 Hand voll verschiedener Kräuter oder Ackerschachtelhalm zum Ansatz geben. Bereiten Sie ein Mittel gegen Blattläuse und andere saugende Insekten zu, dann lassen sie den Ansatz nicht länger als 12 bis 24 Stunden ziehen. Er darf auf keinen Fall in Gärung übergehen. Diese Brühe wird unverdünnt über die befallenen Pflanzen gespritzt.

Rainfarntee
Ein sehr wirksames und natürliches Mittel gegen saugende Schädlinge ist ein Tee aus Rainfarn (*Tanacetum vulgare*). Wer die Pflanze nicht im Garten hat, bekommt sie problemlos in getrockneter Form in der Apotheke. Pro Liter benötigen Sie 30 g getrocknete Pflanzenteile. Diese überbrüht man mit kochendem Wasser und lässt sie abgedeckt 10 bis 15 Minuten ziehen. Anschließend wird abgefiltert. Sobald der Tee abgekühlt ist, wird er im Verhältnis 1:3 über die Pflanzen ausgebracht. Für eine Brühe aus frischen Pflanzenteilen benötigen Sie 300 bis 500 g blühenden Rainfarn pro Liter Wasser.

Schädlinge bekämpfen

Auch bei der Schädlingsbekämpfung müssen Sie ganz besondere Sorgfalt walten lassen, da Sie die Kräuter ja für die Küche oder für Heilzwecke anbauen. Wie Sie einem Schädlingsbefall durch Mischkultur vorbeugen können, erfahren Sie im folgenden Kapitel.

Zur Vorbeugung kontrollieren Sie Ihre Kräuter am besten täglich. So können Sie einen Befall sofort erkennen. Sollten Ihre Pflanzen aber trotz aller Vorsicht von Schädlingen befallen sein, müssen Sie Gegenmaßnahmen treffen. Sind nur einzelne Pflanzenteile von Läusen oder Pilzen betoffen, werden diese großzügig abgeschnitten. Bei Pilz- oder Bakterienbefall muss das Schneidewerkzeug sorgfältig gereinigt werden, sonst überträgt man die Krankheit auch auf andere Pflanzen. Oft genügt schon ein kräftiges Abduschen der Pflanzen.

Topfkräuter hängen Sie ganz einfach kopfüber für 2 Stunden in einen Eimer mit Wasser. Sichern Sie die Erde vorher mit einer Plastiktüte. Gegen saugende Insekten hilft der soeben beschriebene Rainfarntee oder eine Lösung aus Schmierseife (1 Esslöffel auf 500 ml Wasser).

Behandelte Pflanzen sollten Sie in den nächsten 14 Tagen nicht abernten. Brausen Sie diese vor der nächsten Ernte nochmals gründlich mit klarem Wasser ab um auch die letzten Reste von Jauche oder Seifenlösung zu entfernen.

Kräuter biologisch pflegen

Für ein gesundes Pflanzenwachstum ohne Chemie gibt es einige Regeln. Die meisten unserer Gewürz- und Heilpflanzen sind zum Glück wenig krankheitsanfällig. Sie sind dankbar für einen günstigen Standort mit optimalen Boden- und Lichtverhältnissen und mit genügend Luft. So beugen Sie Pilzkrankheiten und Schädlingen wirksam vor. Wo ein raues Klima den Anbau wärmeliebender Pflanzen verhindert, greifen Sie lieber zu heimischen Kräutern. Wählen Sie sorgfältig solche Sorten aus, die sich in unserem Klima ohne Probleme anbauen lassen.

Ein sehr wichtiger Punkt ist der Fruchtwechsel. Säen Sie einjährige Kräuter jedes Jahr an eine andere Stelle im Garten. Wird beispielsweise Petersilie nicht an einen neuen Platz gesät oder gepflanzt, gedeiht sie überhaupt nicht, denn Petersilie ist mit sich selbst unverträglich. Ganz besonders zu empfehlen ist die Mischkultur, vor allem für etwas größere Gärten. Pflanzen Sie Ihre Kräuter in die Staudenbeete, zwischen Gemüse und Salat. So schützen Lavendelpflanzen Ihre Rosen vor Läusen und ergeben ganz nebenbei ein harmonisches Bild. Wermut passt gut zu Johannisbeeren und hält den Säulenrost, eine Pilzkrankheit, von ihnen fern. Das sind nur zwei Beispiele von vielen. Eine Mischkultur bereichert Ihren Garten und dessen Tierwelt und besitzt darüber hinaus nützliche Aspekte.

Gute Nachbarn

Bewährt haben sich folgende Pflanzkombinationen:

- Bohnenkraut am Beetrand schützt Buschbohnen vor schwarzen Läusen.
- Pfefferminze als Umrandung von Kohl wehrt Kohlweißlinge und Erdflöhe ab.
- Eine Schutzhecke aus Salbei und Thymian um das Gemüse- oder Blumenbeet vertreibt Kohlweißling und bedingt auch Schnecken. Allerdings müssen die Kräuter recht eng gepflanzt werden.
- Kapuzinerkresse übt eine starke Anziehungskraft auf Läuse aus. Pflanzen Sie sie daher an verschiedenen Stellen in Ihrem Garten oder auch

Eine bunte Mischung aus Kräutern und Zierstauden. Achten Sie dabei auf gute Nachbarschaften.

auf Obstbaumscheiben. Blutläuse dagegen können Kapuzinerkresse »nicht riechen« und halten sich davon fern.

- Kresse verbessert das Aroma von Radieschen. Säen Sie also immer eine Reihe Kresse neben Ihre Radieschen.
- Kümmel, Kapuzinerkresse und Meerrettich heben den Geschmack von Kartoffeln.
- Dill, Kümmel, Fenchel und Koriander sind günstige Nachbarn für Gurken, Möhren und Zwiebeln.
- Petersilie passt gut zu Tomaten.
- Knoblauch hemmt generell das Wachstum von Bakterien und Pilzen. Stecken Sie daher vorbeugend einige Knoblauchzwiebeln zwischen Ihre Pflanzen. Dies hat sich besonders bei Erdbeeren, Rosen und Stauden bewährt.
- Rainfarn wehrt Ameisen und anderes Ungeziefer ab und ist als Tee ein gutes Spritzmittel (siehe Seite 15). Gestehen Sie ihm deshalb ein Plätzchen in Ihrem Garten zu. Sie sollten ihn allerdings etwas abseits pflanzen, da er andere Pflanzen in ihrem Wachstum behindern kann und zum Wuchern neigt.

Schlechte Nachbarn

Vermeiden Sie folgende Planzkombinationen, da sich die Arten gegenseitig im Wachstum behindern:

- Melisse und Goldmelisse (Indianernessel)
- Kümmel und Fenchel
- Pfefferminze und Kamille
- Petersilie harmoniert nicht mit Kopfsalat.
- Wermut behindert viele Pflanzen in ihrem Wachstum. Wählen Sie für ihn deshalb einen etwas abseits gelegenen Standort.

Linke Seite: Essbare Pflanzen beleben den Garten auch durch ihre attraktiven Farben: Von oben links nach unten rechts: Holunderblütendolde, Echte Kamille, Monarda, Petersilie, Hagebutten der Apothekerrose und Balsamkraut.

Gestalten mit Kräutern

Es gibt viele Möglichkeiten, Kräuter im Garten anzupflanzen. Für welche man sich entscheidet, richtet sich nicht nur nach den Ansprüchen der Pflanzen und nach dem vorhandenen Platz, sondern hat auch gestalterische Aspekte. So kann man seine Kräuter und Heilpflanzen in die Blumen- und Gemüsebeete pflanzen oder gesonderte Beete für sie anlegen. Ob das nun streng geometrisch angeordnete Beete nach dem Vorbild der Nutzgärten der Benediktiner oder Kräuterrondelle, -labyrinthe, -ornamente oder Hochbeete sind, ist Geschmackssache. Die Wege können mit Rasen, Kies, Ziegelsteinen, Naturplatten oder Rindenmulch angelegt werden.

Dekorativ und praktisch zugleich sind Einfassungen um die Kräuteranlagen. Sie verhindern, dass Gras in die Beete hineinwächst. Die Einfassungen können vielfältig gestaltet sein: mit Buchs, großen Steinen, Ziegeln, Holzschwellen oder mit dünneren Baumstämmen in naturnahen Gärten.

Der klassische Arznei- und Kräutergarten

Ein Klostergarten nach mittelalterlichem Vorbild wird streng in Quadrate oder Rechtecke unterteilt. Jede Kräuterart erhält darin ein Einzelbeet. Alles ist sehr übersichtlich und ordentlich. Das hat auch für die Ernte große Vorteile: Alle Pflanzen sind gut erreichbar, denn die Abgrenzungen dienen gleichzeitig als Wege. Achten Sie darauf, dass hohe und niedrige Pflanzen stufenweise gepflanzt werden. So verhindern Sie, dass sie sich gegenseitig beeinträchtigen. Die Größe der einzelnen Beete ist abhängig von der Gesamtgröße des Kräutergartens. Haben Sie nur wenig Platz, so richten Sie Ihre Parzellen eben kleiner ein. Großwüchsige Stauden müssen hier regelmäßig geschnitten werden.

Die Kräuterspirale

Wer Kräuter auf engstem Raum entsprechend ihren Bedürfnissen anpflanzen möchte, legt am besten eine Kräuterspirale an. Durch ihre Schneckenform ist sie äußerst dekorativ und benötigt mit etwa 1 x 2 m wenig Platz im Garten. Einmal angelegt, ist die Kräuterspirale recht pflegeleicht.

Für eine Kräuterspirale ordnen Sie Natursteine spiralförmig von außen nach innen an. Die Spirale steigt in der Mitte stetig an. Ihre Endhöhe beträgt etwa 1,2 m. Dann füllen Sie die Zwischenräume mit Schotter auf. Auf die spätere Kulturfläche geben Sie sandige oder humose Komposterde, je nach den Ansprüchen der Kräuter, die dort wachsen sollen.

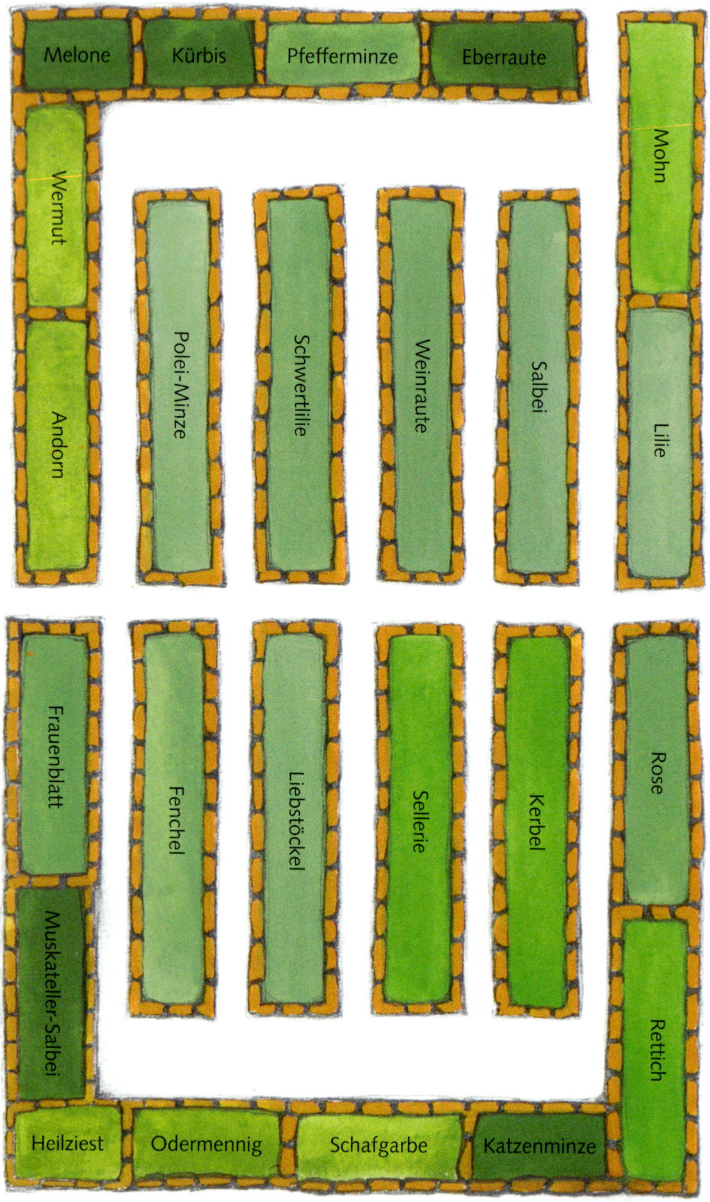
Melone
Kürbis
Pfefferminze
Eberraute
Mohn
Wermut
Andorn
Polei-Minze
Schwertlilie
Weinraute
Salbei
Lilie
Frauenblatt
Muskateller-Salbei
Fenchel
Liebstöckel
Sellerie
Kerbel
Rose
Rettich
Heilziest
Odermennig
Schafgarbe
Katzenminze

Die Kräuterspirale ist ein attraktiver Blickfang im Garten.

Beim Bepflanzen werden sonnenhungrige Kräuter wie Bergbohnenkraut, Lavendel, Majoran, Thymian, Salbei oder Ysop ganz nach oben in magere Erde gesetzt. Ihnen macht Trockenheit nichts aus, zudem haben sie einen erhöhten Kalkbedarf. Weiter unten pflanzen Sie Kräuter, die mehr Feuchtigkeit und Nährstoffe brauchen wie Bohnenkraut, Borretsch, Dill, Kamille, Knoblauch, Liebstöckel, Pimpinelle, Schnittlauch, Wein- und Eberraute. Wenn Sie genug Platz haben und Wasser mögen, lassen Sie die Kräuterspirale in einem kleinen Teich oder einem mit Wasser gefüllten Bottich auslaufen. Darin fühlt sich Brunnenkresse wohl, die besonders reich an Vitamin C ist.

Linke Seite:
Im klassischen Kloster-Kräutergarten sind die Pflanzenarten wohl geordnet.

Kräuter auf Balkon und Fensterbank

Nicht jeder besitzt einen eigenen Garten. Da aber viele Kräuter auch mit wenig Platz zufrieden sind, können Sie sie auch in Töpfen auf dem Balkon oder dem gesicherten Fenstersims ziehen. Zwar werden sie hier nicht so groß und so alt wie im Garten, dafür sind sie beim Kochen stets griffbereit. Stellen Sie zum Beispiel eine Basilikumpflanze vor das Küchenfenster. Sie hält lästige Fliegen ab und ist als Würzmittel schnell zur Hand. Zudem wird sie hier nicht von Schnecken vertilgt, was im Garten recht häufig geschieht.

Achten Sie beim Bepflanzen von Balkonkästen, Schalen oder Trögen darauf, Kräuter mit gleichen Ansprüchen hinsichtlich Standort, Erde, Größe und Feuchtigkeit zusammenzusetzen. Auch müssen Sie die jeweilige Wuchsstärke bedenken. Pflanzen, die in kurzer Zeit sehr groß werden und zum Wuchern neigen, verdrängen schwachwüchsige, kleinere Pflanzen. In den **Pflanzenporträts** finden Sie jeweils unter dem Punkt »Anbau« Angaben zu den Bedürfnissen der einzelnen Kräuter. Wenn Sie diese beachten, steht Ihrem Kräutergarten auf dem Balkon oder Fenstersims nichts mehr im Wege. Ein besonders schönes Bild entsteht, wenn Sie Kräuter mit blühenden Blumen entsprechend der Jahreszeit kombinieren.

Da Erde und Nährstoffe auf so begrenztem Raum schneller verbraucht sind als im Gartenboden, müssen Sie öfter düngen. Auch sollten Sie häufiger gießen, da Balkonkästen schneller austrocknen. Versehen Sie die Kästen, Töpfe und Schalen mit einem Wasserabzug und einer Drainageschicht, bevor Sie die Erde einfüllen. Kaufen Sie keine billige Erde, sondern hochwertige Markenerde. Viele Gartenmärkte führen Spezialerde für Kräuter. Noch ein ganz wichtiger Punkt: Wenn Sie an einer viel befahrenen Straße wohnen, dann pflanzen Sie lieber Blumen. Hier angebaute Kräuter eignen sich nicht zum Verzehr, sie sind zu stark mit Autoabgasen belastet.

Kästen frieren im Winter schneller durch als die Erde im Garten. Ihre Pflanzen benötigen daher einen Winterschutz. Wenn es nicht zu kalt ist, genügt schon eine Abdeckung der Pflanzen mit Tannenreisig. Sinken die Temperaturen aber unter 0 °C, müssen Sie auch Ihre Kästen schützen. Stellen Sie die Kästen auf eine Noppenfolie, eine dicke Lage Zeitung oder Styropor und umhüllen Sie sie mit einer Schicht Laub oder Tannenreisig. Sobald die Temperatur wieder über 5 °C steigt, können Sie den Schutz unter den Pflanzen entfernen. Rosmarin ist sehr frostempfindlich und sollte lieber im

Mit Kräutern kann man wunderschöne Pflanzschalen gestalten.

Haus an einem hellen, kühlen Ort überwintern.

In der Wohnung gezogene Kräuter sind nicht so langlebig und leider auch nicht ganz so aromatisch wie die Kräuter im Freiland, da sie auf die natürlichen Gegebenheiten verzichten müssen. Um aber im Winter einen gesunden, vitaminreichen Vorrat an frischen Kräutern parat zu haben, eignen sie sich durchaus. Frische Kresse können Sie das ganze Jahr über auf dem Küchenfenster in speziellen Tontöpfchen ziehen (siehe Seite 96). Auch Basilikum, Melisse, Petersilie, Pimpinelle, Schnittlauch und Thymian wachsen gut an diesem Standort. Kräuter in der Wohnung müssen häufiger gegossen werden, da sie hinter Glas schneller austrocknen. Einmal abgeerntet, werden sie durch neue Pflanzen ersetzt. Am besten gedeihen Kräuter an Ost- oder Westfenstern. Nordfenster sind zu dunkel und auch Südfenster sind ungeeignet, da es den Pflanzen hier im Sommer zu heiß wird.

Kräuter ernten und konservieren

Eine hochwertige und lange haltbare Ernte ist die Krönung jedes Gartenjahres. Fast ein ganzes Jahr haben Sie Ihre Kräuter und Heilpflanzen gehegt und gepflegt und stattliche, ertragreiche Pflanzen herangezogen. Es wäre jammerschade, wenn Ihnen jetzt wertvolle Inhaltsstoffe durch Unkenntnis des Erntezeitpunkts verloren gehen oder gar Ihre ganze Ernte durch unsachgemäße Lagerung verdirbt. Die sachgemäße Ernte und fachmännische Aufbewahrung sind daher sehr wichtig. Wer Wildkräuter sammelt, sollte genaue Pflanzenkenntnisse besitzen, denn immer wieder gibt es Verwechslungen mit Giftpflanzen. An viel befahrenen Straßen, auf Wiesen, die von Hunden besucht werden und überall dort, wo gedüngt und gespritzt wird, sammeln Sie besser keine Pflanzen.

Der richtige Zeitpunkt

Frische Kräuter für die Küche pflückt man erst kurz bevor diese verarbeitet werden. Bei der Ernte für die Vorratshaltung geht man etwas anders vor. Die meisten Kräuter sind kurz vor oder während der Blüte reif. Reife bedeutet, dass ihr Gehalt an wertvollen Inhaltsstoffen und Aromen zu dieser Zeit am höchsten ist. Für den Wintervorrat sammelt man die Pflanze zum jeweils günstigsten Zeitpunkt. Diesen finden Sie in den **Pflanzenporträts**. Ein guter Kräutergärtner beobachtet seine Pflanzen sehr genau, denn durch ungünstige Gegebenheiten kann sich die Ernte auch verschieben. So ändern schlechte Wetterverhältnisse, zum Beispiel ein verregneter Sommer oder ein sehr kalter, lang anhaltender Winter, schnell den Erntetermin.

Für das Ernten der einzelnen Pflanzenteile gilt folgende Regel: Blätter werden morgens nach dem Tau gesammelt, Blüten mittags und Wurzeln abends. Bei Regen wird grundsätzlich nicht geerntet, die Kräuter sind dann wässrig. Gut ist es aber, wenn es einige Tage zuvor geregnet hat, denn dann ersparen Sie Ihren Kräutern das Waschen.

Getrocknete Kräutersträuße sind auch eine hübsche Dekoration für Haus und Garten.

So ernten Sie schonend

Die Kräuter werden sehr behutsam geerntet und sofort weiterverarbeitet. Ernten Sie niemals alle Triebe ab. Ausnahmen sind Kerbel und Kresse, die nicht mehr nachwachsen. Viele Kräuter verzweigen sich jedoch und werden buschiger, wenn Sie die Triebspitzen entfernen. Dies ist bei Basilikum, Estragon, Liebstöckel und den Minzen der Fall. Von Lorbeer, Rosmarin und Salbei sollten Sie nie mehr als ein Drittel der Trieblänge abschneiden. Bei mehrjährigen Kräutern, wie zum Beispiel Melisse und Oregano, werden immer wieder einzelne Triebe bis auf den Boden abgeschnitten. So wachsen neue aromatische Triebe nach.

Ernten Sie nur einwandfreie, unbeschädigte Pflanzenteile. Schütteln Sie die Pflanzen, damit Insekten oder andere kleine Tiere herausfallen. Kontrollieren Sie auch die Blattunterseiten,

Die frisch geernteten Kräuter werden sofort gebündelt und zum Trocknen im Schatten aufgehängt.

dort befinden sich manchmal Raupen oder Käfer. Geerntete Kräuter kommen in Weidenkörbe, niemals in Plastiktüten. Hier bildet sich Kondenswasser und die Pflanzen faulen schnell. Legen Sie nicht zu viele Kräuter übereinander, sie werden sonst gequetscht und ihre Qualität leidet.

Müssen die gesammelten Kräuter gewaschen werden, darf dies nur sehr schonend erfolgen. Nach dem Abspülen werden sie nur sanft abgetupft, nicht trocken gerieben oder gedrückt. Die Pflanzenteile zerkleinern Sie mit einem scharfen Messer, einer Schere oder mit den Fingern.

Kräuter trocknen

Längere Kräuter binden Sie zu Sträußen und hängen sie kopfüber im Schatten auf. Kurze Kräuter, Blüten und Blätter breiten Sie auf einem flachen Teller oder auf einem mit einem Geschirrtuch ausgelegten Backblech aus. Die Pflanzen benötigen zum Trocknen etwa 4 bis 8 Tage, je nach Luftfeuchtigkeit und Temperatur. Wurzeln werden gründlich von Erde befreit, unter fließendem Wasser gewaschen und mit einem Tuch getrocknet. Schneiden Sie von Würmern befallene und faulende Stellen ab und verarbeiten Sie die Wurzeln sofort weiter.

Sie können Ihre Kräuter auch im Backofen oder Dörrapparat trocknen. Dies geht wesentlich schneller als an der Luft, deshalb sollten Sie dabei anwesend sein. Sonst bleibt von den Kräutern unter Umständen nur ein staubiges Häufchen übrig. Die Temperatur im Backofen beträgt zum Trocknen der Kräuter etwa 30 °C. Stellen Sie, um diese Temperatur zu erreichen, den Regler auf 50 °C und lassen Sie die Backofentür leicht geöffnet.

Kräuter vertragen beim Trocken nur wenig Wärme und Feuchtigkeit, sonst gehen alle Inhaltsstoffe verloren. Gut zum Trocknen eignen sich schattige, luftige Plätze, wie etwa im Gartenhaus, Speicher oder Gästezimmer. Wenig geeignet ist die Küche, denn dort ist es zu feucht und fettig. Sehen Ihre Kräuter nach dem Trocknen dunkel oder fleckig aus, sind sie wertlos.

Fachmännisch aufbewahren

Getrocknete Kräuter werden in gut verschließbaren Gefäßen gelagert. Ob sie trocken genug sind, erkennen Sie daran, dass die Kräuter beim Anfassen rascheln. Streifen Sie die getrockneten Blätter von den Stielen und geben Sie diese in die Behälter. Kleinere Pflanzenteile füllen Sie sofort hinein, von den Samenkörnern müssen Sie eventuell kleine, dürre Pflanzenreste entfernen.

Verpackt man die Kräuter nicht sofort, ziehen sie an nebeligen oder regnerischen Tagen die Feuchtigkeit der Luft an und verderben ziemlich schnell. Für eine saubere, luftdichte Aufbewahrung eignen sich gut verschließbare Schraubgläser oder Dosen. Durchsichtige Glasbehälter haben den Vorteil, dass Sie Schimmelpilze oder kleine Tiere darin sofort sehen. Allerdings dürfen Sie solche Gläser nicht dem Sonnenlicht aussetzen, sonst zerfallen die wertvollen Inhaltsstoffe der Kräuter. Dies lässt sich vermeiden, indem Sie die Gläser in den Küchenschrank stellen oder getönte Glasbehälter verwenden. Beschriften Sie alle Behälter mit dem Pflanzennamen und dem Erntedatum. Länger als 1 Jahr sollten Sie Ihre kostbaren Gewürze und Teevorräte nicht aufbewahren. Die Heilstoffe und das Aroma sind dann nicht mehr so hochwertig. Besitzen Sie nach einem Jahr noch viele Restbestände, so aromatisieren Sie Essig und Öl damit (siehe Seite 53) oder geben Sie eine Hand voll der Kräuter zu einer Jauchebrühe.

Kräuter tiefkühlen

Von vielen Kräutern bleibt nach dem Auftauen nur noch ein kleines, fad schmeckendes Häufchen Grünzeug übrig. Gut zum Einfrieren eignen sich Bohnenkraut, Dill, Petersilie, Schnittlauch und Schnittsellerie. Verwenden Sie zum Tiefkühlen Gefrierbehälter mit Deckel. Darin können Sie die Kräuter einzeln oder als Mischung einfrieren. Tiefgefrorene Kräuter streuen Sie direkt in die Speisen. In Salatsoßen geben Sie sie 20 Minuten vor dem Servieren, so können sie ihr Aroma besser entfalten.

Omas Haus- und Heilmittel

Nicht bei jedem kleinen Zipperlein muss man gleich den Arzt aufsuchen. Oft hilft uns die Natur mit ihrer breiten Palette an Heilpflanzen. Pflanzliche Heilmittel haben bei sachgerechter Verwendung so gut wie keine schädlichen Nebenwirkungen. Unsere Großmütter besaßen einen reichen Erfahrungsschatz im Umgang mit selbst hergestellten Teemischungen, Tinkturen, Heilölen oder medizinischen Bädern. Sind die Krankheitssymptome jedoch schwerwiegenderer Natur, ist der Gang zum Arzt unerlässlich.

Tinkturen

Für die Herstellung einer Tinktur gilt folgendes **Grundrezept:**

10 Esslöffel frisch gehackte oder 5 Esslöffel getrocknete Kräuter werden in eine saubere Flasche gefüllt und mit 500 ml hochprozentigem Alkohol (Äthylalkohol oder Wodka) übergossen. Lassen Sie die gut verschlossene Flasche dann 2 bis 3 Wochen an einem warmen Ort durchziehen. Während dieser Zeit wird sie täglich geschüttelt. Danach filtern Sie die Tinktur ab und bewahren sie kühl und trocken auf.

Tinkturen werden unverdünnt oder mit etwas Wasser eingenommen, für Einreibungen, Kompressen, Tees oder als Badezusatz verwendet. Für Salben mischt man sie mit Bienenwachs, Lanolin (Wollfett) oder Kakaobutter.

Fichtenspiritus

Einreibungen mit Fichtenspiritus helfen bei Rheuma, Gicht und Hexenschuss.

- 2 Teile frisch gehackte Fichtensprossen, 1 Teil Wacholderbeeren, 1 Teil Lavendelblüten, 70-prozentiger Alkohol (alle Pflanzenteile müssen mit dem Alkohol bedeckt sein). Dann wie im Grundrezept beschrieben fortfahren.

Fichte

Picea abies – Kieferngewächs (auch Rottanne)

Botanisches: Dieser 40 bis 50 m hohe Baum besitzt eine rötliche, raue Rinde. An den Zweigen reifen 10 bis 16 cm lange und 3 bis 4 cm dicke Zapfen, die im Ganzen abfallen. Die vierkantigen, 1,5 bis 2 cm langen, dunkelgrünen, spitzen Nadeln wachsen spiralförmig am Zweig. Die Heimat der Fichte, die als wichtigstes europäisches Nutzholz gilt, ist Nord- und Mitteleuropa. Sie bevorzugt einen leicht sauren, feuchten Boden und kommt bis zu einer Höhe von 2000 m vor.

Inhaltsstoffe: Harz, ätherische Öle, Vitamin C

Ernte: Im April und Mai sammelt man die jungen, etwa 10 cm langen Triebe. Pflücken Sie immer von mehreren Bäumen und reißen Sie nie Triebe von der Krone ab, da der Baum dann verkrüppelt.

Verwendung: Die Germanen verehrten die Fichte als Symbol für Kraft und

Hoffnung, da sie eine außergewöhnliche Winterhärte besitzt und einen immergrünen Wuchs hat. In den nordischen Wäldern war die Fichte dem Lichtgott Balder geweiht. Noch heute setzen Zimmerleute beim Richtfest ein Fichtenbäumchen oder Fichtenzweige als Richtkrone aufs Dach. Auch als Maibaum steht häufig eine Fichte auf dem Dorfplatz.

Neben Fichtenspiritus bereitet man aus Fichtensprossen auch Fichtenhonig und Fichtenbäder zu. **Fichtenhonig** lindert Bronchitis, Grippe und Erkältungen. Bei rauem Hals oder Husten wird er löffelweise eingenommen oder in Tee aufgelöst. Zudem ist er ein wohlschmeckender Brotaufstrich. Zur Herstellung benötigt man einen großen Topf Frühjahrstriebe, gibt nach Wunsch noch je 1 Hand voll Brombeer-, Himbeer-, und Löwenzahnblätter zu und füllt mit Wasser auf. Anschließend kocht man die Triebe 1 Stunde und lässt den Ansatz über Nacht ziehen. Am folgenden Tag wird er abgefiltert und dabei gut ausgedrückt. 1 l Sud wird jetzt mit 1 kg Kandiszucker (oder 500 g Normalzucker und 500 g Kandiszucker) 2 Stunden sirupartig eingekocht und anschließend zur Aufbewahrung in Schraubgläser gefüllt.

Fichtennadelbäder dienen der allgemeinen Beruhigung, wirken schleim- und hustenlösend und fördern die Durchblutung. Man stellt sie entweder aus einem Extrakt her (Apotheke) oder bereitet sie mit frischen Fichtenzweigen zu. Diese kocht man 20 Minuten in einem abgedeckten Topf, filtert anschließend ab und gibt den heißen Sud ins Badewasser.

Frisch gesammelte Fichtensprossen.

Beinwelltinktur

Beinwelltinktur (Comfreytinktur) wird zum Einreiben bei Rheuma und Gliederschmerzen verwendet.

- Eine Hand voll geschälte, dünn gehobelte Wurzeln auf 1/2 l Alkohol (z. B. Kornschnaps) geben. Dann wie im Grundrezept beschrieben fortfahren (siehe Seite 32).

Beinwell

Symphytum officinale – Raublattgewächs (auch Schwarz- oder Speckwurz, Beinheil)

Botanisches: Die 80 bis 150 cm hohe, rau behaarte und ausdauernde Staude ist in Mitteleuropa und Westasien heimisch. Ihre dunkelgrünen Blätter sind lanzenförmig und 25 bis 30 cm lang. Die glockenförmigen rosa-purpurnen oder weißen Blüten erscheinen von Mai bis Juli. Beinwell wächst vorwiegend auf feuchten Wiesen, an Bachufern oder in Auenwäldern.

Inhaltsstoffe: Allantoin, Gerb- und Schleimstoffe, Pyrrolizidinalkaloide

Anbau: Beinwell lässt sich aus Samen

Beinwell braucht viel Platz.

ziehen. Einfacher ist es jedoch, eine Jungpflanze in einer Baumschule zu kaufen oder die Pflanze durch Wurzelteilung zu vermehren. Beinwell bevorzugt nährstoffreichen, feuchten Boden in sonniger Lage oder lichtem Halbschatten. Deshalb fühlt sich die üppige, stark wachsende Pflanze am Rande einer Hecke oder an einem Teich wohler als im sonnigen Kräuterbeet. Beinwell hat einen hohen Nährstoffbedarf und sollte mit reichlich Kompost gedüngt werden. Gut bewährt hat sich auch das Mulchen mit organischen Abfällen rund um die Pflanze.

Ernte: Die Wurzel einer kräftigen Pflanze wird im April/Mai oder im Oktober/November vorsichtig ausgegraben. Nachdem sie gut gereinigt ist, wird sie längs halbiert und zum Trocknen auf einen Faden gezogen. Sie darf erst nach vollständiger Trocknung in Schraubgläsern aufbewahrt werden.

Verwendung: Wie der volkstümliche Name Beinheil andeutet, beschleunigt Beinwell durch seinen Wirkstoff Allantoin die Heilung von Knochenbrüchen und Wunden.

Bei schlecht heilenden Wunden, Prellungen, Quetschungen, Gliederschmerzen und Rheuma verschaffen Tinkturen, Salben oder Breiumschläge Linderung. Für **Breiumschläge** werden 1 bis 2 getrocknete Wurzeln fein gemahlen, in einer Tasse mit sehr heißem Wasser und einigen Tropfen Speiseöl schnell zu einem Brei verrührt und warm in einem Leinentuch auf das betroffene Körperteil gelegt. Zur Herstellung von **Beinwellsalbe** werden frische, gewaschene Beinwellwurzeln (1 bis 2) in kleine Stücke geschnitten oder grob geraffelt. Die Stücke gibt man in einen Topf mit 50 g flüssigem Schweineschmalz oder Lanolin (Wollfett) und kocht sie vorsichtig auf. Die Mischung zieht über Nacht durch und wird am folgenden Tag nochmals erhitzt. Dann gießt man die Mischung durch ein mit einem Tuch ausgelegtes Sieb und presst die Wurzeln gut aus. Die fertige Salbe wird in kleine, saubere Behälter gefüllt und im Kühlschrank aufbewahrt. Tragen Sie die Salbe dünn auf.

Immer wieder werden Gemüsezubereitungen aus Beinwellblättern empfohlen, da diese sehr viel Vitamin A, C und B-Vitamine enthalten. Doch ist Beinwell eigentlich eine hoch wirksame Arzneipflanze und aufgrund ihres Alkaloidgehalts nicht für den Verzehr geeignet.

Im naturnahen Garten hat sich eine Jauchebrühe aus Beinwellblättern für stark zehrendes Gemüse bestens bewährt. Die stark behaarten Beinwellblätter können bei empfindlichen Menschen Hautreizungen hervorrufen.

Man sollte daher beim Pflücken stets Handschuhe tragen.

Ringelblumentinktur
Ringelblumentinktur ist ein beliebtes Mittel zum Einreiben bei Verrenkungen, Verstauchungen und Kreuzschmerzen.

- 2 Hand voll frisch geerntete Blüten, 750 ml Kornschnaps. Die Blüten durchschneiden, in Flaschen füllen und mit Alkohol auffüllen. Dann wie im Grundrezept beschrieben fortfahren (siehe Seite 32).

Ringelblume

Calendula officinalis – Korbblüter (auch Regen-, Studenten-, Toten-, Warzen- oder Magdalensblume)
Botanisches: Die alte Heilpflanze stammt vermutlich aus dem Mittelmeerraum. Die lanzenförmigen Blätter und der kantige, verzweigte Stängel sind stark behaart. An den Spitzen der Stängel sitzen die 4 bis 7 cm großen Blütenköpfe. Sie blühen von Juni bis in den Oktober in schönen Orangetönen. Die gesamte Pflanze wird 30 bis 50 cm hoch.
Inhaltsstoffe: Ätherische Öle, Carotinoide und Xanthophylle (Vorstufen von Vitamin A), Substanzen der Saponin-Gruppe, Harze, Bitterstoffe, organische Säuren
Anbau: Am besten gedeihen Ringelblumen in voller Sonne, auch lichten Schatten akzeptieren sie noch. Sie dürfen dann aber nicht zu dicht gepflanzt werden, sonst sind die Blätter in feuchten Sommern anfällig für Mehltau. Optimal sind gut durchlässige, nicht zu nahrhafte Böden, Staunässe sollte unbedingt vermieden werden.

Ringelblumen in voller Blüte.

Die Pflanze ist einjährig, doch sät sie sich manchmal selbst aus. An ihrem Standort vertreibt sie Fadenwürmer (Nematoden), die Welkerscheinungen und Wachstumsstockungen auslösen.
Ernte: Frische Blätter erntet man nur von ganz jungen Pflanzen, bei älteren Pflanzen sind sie bitter und hart. Blütenköpfe werden grundsätzlich in der Mittagszeit gepflückt, Blätter hingegen morgens nach dem Tau. Zum Trocknen der Blütenköpfe oder der Strahlenblüten wählen Sie eine länger anhaltende, trockene Sommerperiode.
Verwendung: Der Volksmund nennt die Ringelblume auch Barometer- oder Regenblume. Haben sich ihre Blüten nämlich zwischen 6 und 7 Uhr morgens geöffnet, wird der Tag sonnig. Bleiben ihre Blüten dagegen noch nach 7 Uhr geschlossen, wird es wahrscheinlich regnen.

Ringelblumenblütentee lindert Entzündungen der Schleimhäute im Mund- und Rachenraum. Dafür gibt man 1 bis 2 Teelöffel getrocknete Blütenblätter in eine Tasse, gießt mit heißem Wasser auf und filtert nach

10 Minuten ab. Spülen oder gurgeln Sie mehrmals täglich mit diesem Tee.

Umschläge aus frischen Blättern helfen bei Hautentzündungen, Warzen und Hühneraugen. Da der Saft die Haut zarter macht, weichen solche Umschläge auch Hornhaut auf. Ein Rezept für **Ringelblumensalbe** finden Sie auf Seite 45.

Ringelblumenblüten dienten früher als Ersatz für den teuren Safran. Schon einige getrocknete Blütenblättchen verleihen beispielsweise Reis eine schöne gelbe Farbe und einen angenehm bitter-aromatischen Geschmack.

Heilöle

Für die Herstellung eines Heilöles gilt folgendes **Grundrezept:** 7 Esslöffel frisch gehackte Kräuter werden in ein sauberes Gefäß gefüllt und mit 300 ml bestem Olivenöl übergossen. Lassen Sie das gut verschlossene Gefäß an einem warmen, hellen Ort mindestens 2 Wochen durchziehen. Während dieser Zeit wird der Ansatz täglich geschüttelt. Danach filtern Sie das Heilöl ab, füllen es in dunkle Flaschen und bewahren es kühl auf. Heilöl wird vor allem zum Einreiben betroffener Körperstellen verwendet.

Lavendelöl
Lavendelöl lindert neuralgische Muskel- und Kopfschmerzen, wirkt kräftigend und beruhigend.

- 2 bis 3 Hand voll frische oder getrocknete Blüten, 300 ml bestes Olivenöl. Dann wie im Grundrezept beschrieben fortfahren. Der Ansatz muss 5 bis 6 Wochen ziehen.

Lavendel

Lavandula angustifolia – Lippenblütler (auch Speik)
Botanisches: Dieser 30 bis 60 cm hohe, stark duftende Halbstrauch stammt aus dem Mittelmeerraum. Seine nadelförmigen Blätter sind 2 bis 4 cm lang und silbergrün. Von Juli bis September erscheinen blaue, lilafarbene oder weiße Blüten in ährenförmigen, unterbrochenen Blütenständen.
Inhaltsstoffe: Ätherisches Öl, Gerbstoffe
Anbau: Lavendel bildet eine tiefe Pfahlwurzel und verlangt deshalb einen guten Wasserabzug. Er benötigt einen trockenen, leicht kalkhaltigen Boden in voller Sonne. In rauen Lagen ist er dankbar für einen Winterschutz. Nach der Blüte wird der Strauch etwas zurückgeschnitten.
Ernte: Lavendel erntet man am besten in den Vormittagsstunden, wenn der Tau abgetrocknet ist. Die Blüten sollten voll erblüht sein. Sie werden zu Büscheln gebunden und im Schatten zum Trocknen aufgehängt.

Junge Blattspitzen können das ganze Jahr über geerntet werden, doch sind sie im Winter etwas weniger aromatisch.
Verwendung: Der botanische Name *Lavandula* stammt vom lateinischen

Lavendel hilft bei Kopfschmerzen.

Johanniskraut ist gut für die Nerven.

»lavare« (waschen). Schon die Römer benutzten Lavendel für ihre Reinigungsbäder. Ein Lavendelbad entspannt und regt gleichzeitig den gesamten Organismus an.

Bei entzündeten Wunden, Ekzemen und Verbrennungen dient Lavendel als Antiseptikum. Früher rieben Jäger ihre Hunde nach Schlangenbissen mit Lavendelbüscheln ab, um Vergiftungen zu verhindern.

Bei Verspannungen und Gliederschmerzen hilft **Lavendelgeist**. Dafür übergießen Sie 30 g Lavendelblüten mit 500 ml 70-prozentigem Alkohol, lassen den Ansatz einige Tage ziehen und filtern dann ab. Drücken Sie die Blüten dabei gut aus. Der fertige Lavendelgeist wird in Flaschen gefüllt. Tupfen Sie ihn bei Kopfschmerzen auf Stirn und Schläfen, aber bringen Sie nichts in die Augen.

Lavendel ist auch eine gerne verwendete Zutat für Potpourris und Duftsäckchen. In den Wäscheschrank gelegt vertreibt er Motten und anderes Ungeziefer.

Als Würzkraut passt Lavendel zu Fischgerichten, Wildmarinaden und Kräuterbutter.

Johanniskrautöl

Johanniskrautöl (Rotöl) hilft bei Prellungen, Gicht, Rheuma und Verbrennungen.

- 250 g Johanniskrautblüten, 500 ml Olivenöl. Dann wie im Grundrezept beschrieben fortfahren (siehe Seite 36). Der Ansatz muss mindestens 2 Monate an einem sonnigen Platz durchziehen. Das Öl ist gebrauchsfertig, sobald es sich rot färbt.

Johanniskraut

Hypericum perforatum – Hartheugewächs (auch Blut-, Frauen- oder Wundkraut, Teufelsflucht, Johannis- oder Herrgottsblut, Hartheu)
Botanisches: Als Heimat des Johanniskrauts gelten Europa und Teile Asiens.

Hier wächst es an Wegrändern, auf Magerrasen und in Gebüschen. Die ausdauernde Staude wird 30 bis 60 cm hoch. Der Stängel besitzt zwei Längsleisten, mit gegenständigen, länglichen bis eiförmigen Blättern. Daran – wie auch an den Kelchblättern der Blüten – sitzen zahlreiche punktförmige Drüsen, die ätherische Öle enthalten. Die leuchtend gelben Blüten stehen in dichten Rispen und blühen von Juni bis September.

Aufgrund der zahlreichen Drüsen wirkt Johanniskraut gegen das Licht betrachtet wie perforiert. Verreibt man die gelben Blüten zwischen den Fingern, werden sie purpurrot. Dies ist ein wichtiges Erkennungsmerkmal der Pflanze. Der Effekt wird durch den Inhaltsstoff Hypericin ausgelöst, der sich im Sonnenlicht rot färbt.

Inhaltsstoffe: Hypericin, Gerbstoffe, Rutin, Rhodan, Phlophene

Anbau: Johanniskraut braucht einen sonnigen Platz im Kräuterbeet. Der Boden sollte locker und gut wasserdurchlässig sein, bei lehmigem Boden mischen Sie etwas Sand unter. Die kleine Staude ist in jeder gut sortierten Gärtnerei erhältlich. Achten Sie jedoch darauf, dass Sie keine Zierform kaufen. Diese sind für medizinische Zwecke wertlos.

Ernte: Den höchsten Gehalt an Wirkstoffen besitzt Johanniskraut um den Johannistag (21. Juni). Günstige Erntetermine sind aber auch noch die Monate Juli und August.

Verwendung: Wie der volkstümliche Name Herrgotts- oder Johannisblut andeutet, ist diese Pflanze ganz besonders heilkräftig. Johanniskraut mildert nicht nur depressive Zustände, sondern unterstützt auch das Ausheilen von Krankheiten und Wunden. Ferner ist es schmerzlindernd, entzündungshemmend und heilend. Man bezeichnet es auch als »Arnika der Nerven«.

Für äußerliche Anwendungen – also für Umschläge oder Einreibungen – eignet sich neben Johanniskrautöl auch eine **Tinktur**. Als Zutaten benötigen Sie 1 l Branntwein und 2 Hand voll in der Sonne gepflückte Blüten. Dann wie im Grundrezept (siehe Seite 32) beschrieben fortfahren. Der Ansatz muss 3 Wochen an einem sonnigen Platz durchziehen.

Innerlich angewendet hilft diese Tinktur bei Nervenleiden, Nervenentzündungen, Schlaflosigkeit, Nervenschwäche oder nervösen Magen-Darm-Beschwerden. Bei diesen Symptomen nehmen Sie die Tinktur tropfenweise mit Tee verdünnt ein. Die Dosis sollte einen halben Teelöffel pro Tag nicht überschreiten.

Ebenso wirkt ein **Tee aus Johanniskraut**, den man dreimal täglich trinkt. Dafür übergießen Sie 1 gehäuften Teelöffel getrocknete Blüten und obere Stängelteile mit 250 ml kochend heißem Wasser. Lassen Sie den Tee etwa 5 Minuten ziehen.

Eine Einschränkung für Tinktur und Tee gibt es allerdings: Sie dürfen nicht länger als 6 Wochen am Stück eingenommen werden. Durch seinen Wirkstoff Hypericin wirkt Johanniskraut photosensibilisierend. Das bedeutet, die menschliche Haut reagiert überempfindlich auf Licht und Kunstlicht. Während einer Kur sind Sonnenbäder also verboten, da es sonst zu Hautschäden kommt.

Kräuterbäder

Kräuterbäder sind auch in unserer Zeit ein wertvolles Hausmittel geblieben. Je nach gewähltem Kräutlein wirken sie beruhigend, belebend oder lindern eine beginnende Erkältung.

Vollbäder mit Kräuterauszügen werden bei einer Wassertemperatur von 35 bis 38 °C genommen. Die Badedauer sollte 10 bis 20 Minuten nicht überschreiten, was für medizinische Bäder vollkommen ausreicht. Anschließende Bettruhe ist sehr zu empfehlen, da die Bettwärme die Wirkung des Vollbades verstärkt.

Die Mengenangaben bei den nachfolgenden Rezepturen beziehen sich auf **getrocknete Kräuter**, bei frischen verdoppeln Sie die Menge einfach. Wer wenig Zeit hat, kann auch auf hochwertige Öle aus der Apotheke zurückgreifen. Damit sich Öl und Wasser besser verbinden, benutzen Sie als Emulgator eine Tasse Milch oder Sahne. Das macht gleichzeitig die Haut geschmeidig.

Baldrianbad
Ein Baldrianbad wirkt entspannend und beruhigend.

- 100 g Baldrianwurzel, 3 l Wasser. Lassen Sie Baldrianwurzel und Wasser in einem Topf 10 Minuten kochen. Dann filtern Sie ab und gießen den Extrakt ins Badewasser.

Baldrian

Valeriana officinalis – Baldriangewächs (auch Katzen- oder Hexenkraut)

Botanisches: Baldrian wächst in feuchten Wiesen, Wäldern und Gräben in Europa und Asien. In südlichen Ländern kommt er seltener vor. Die 70 bis 150 cm hohe, ausdauernde und winterharte Staude besitzt einen hohlen, längs gefurchten Stängel und fein geteilte Fiederblätter. Im Frühsommer erscheinen die blassrosa, doldenartig angeordneten Blüten. Auf Katzen wirkt der Geruch von Baldrian unwiderstehlich, sie wälzen sich regelrecht in der Staude.

Baldrian blüht weiß bis rosa.

Inhaltsstoffe: Valepotriate, ätherisches Baldrianöl (mit Valeranon, Valerenal), Valerensäuren

Anbau: Baldrian wächst in voller Sonne ebenso wie im Schatten. An den Boden stellt er keine besonderen

Ansprüche, bevorzugt aber feuchte Stellen. Die Qualität der Wirkstoffe ist jedoch höher an warmen Standorten mit gutem Boden. Die Vermehrung erfolgt durch vorsichtige Teilung der Pflanze im Frühjahr oder Herbst oder durch Aussaat im Frühjahr. Ins Pflanzloch kommt reichlich Kompost, um die Pflanze herum wird gemulcht.

Ernte: Im Herbst gräbt man die Wurzeln einer mindestens 2 Jahre alten Pflanze vorsichtig aus. Sie werden gut gewaschen und im Schatten getrocknet.

Verwendung: Baldrian ist ein Volksheilmittel gegen mancherlei Krankheiten, vor allem psychisch bedingte. Es wird angewendet bei nervös bedingten Unruhezuständen, Einschlafstörungen und nervösen Magen-Darm-Beschwerden. Seit dem 5. Jahrhundert v. Chr. fehlt er in keinem Heilpflanzenbuch. Interessanterweise kannte man ihn nicht als Beruhigungsmittel. Man sah in ihm vielmehr ein gutes Mittel gegen die Pest und eine wirksame Abwehrpflanze gegen Teufel und Hexen.

Baldriantee ist eine hervorragende Einschlafhilfe. Er hilft zudem bei Angstzuständen, nervöser Unruhe und Prüfungsstress. Dafür übergießen Sie 1 bis 2 Teelöffel zerkleinerte Wurzel mit 250 ml kaltem Wasser und lassen den Ansatz über Nacht ziehen. Dann filtern Sie ab. Der Tee wird schluckweise über den Tag verteilt getrunken. Wer möchte, kann ihn vorsichtig erwärmen. Die Maximalmenge pro Tag beträgt 2 bis 3 Tassen. Bedenken Sie, dass es sich um einen Heiltee handelt, der nicht für den Dauergebrauch geeignet ist. Baldrian hat einen leicht süßlichen, schwach gerbenden und würzigen Geschmack.

Melissenbad

Ein Melissenbad wirkt entspannend und beruhigend.

- 50 bis 60 g Melissenblätter, 1 l Wasser. Übergießen Sie die Melissenblätter in einem Topf mit dem Wasser. Dann bringen Sie die Flüssigkeit zum Sieden und filtern nach 10 Minuten ab. Gießen Sie den Extrakt ins Badewasser.

Melisse

Melissa officinalis – Lippenblütler (auch Honigblatt, Bienenkraut, Zitronenmelisse)

Botanisches: Diese äußerst winterfeste, buschige Staude wird 60 bis 90 cm hoch. An ihren kantigen Stängeln sitzen kleine, gesägte, nesselähnliche Blätter mit einem kräftigen Zitronenduft. Im Sommer erscheinen in den Blattachseln unauffällige weiße Blüten. Ihre ursprüngliche Heimat ist der östliche Mittelmeerraum und der Orient.

Inhaltsstoffe: Ätherisches Öl mit Citral, Citronellal, Gerbstoffe, Flavonoide

Anbau: Melisse gedeiht in voller Sonne und im Halbschatten. Der Boden sollte nährstoffreich und feucht sein. Um die Pflanze wird stets gut gemulcht. An günstigen Standorten kann sie regelrecht wuchern. Die Vermehrung erfolgt durch Aussaat im zeitigen Frühjahr oder durch Teilung einer Mutter-

pflanze im Frühjahr oder Herbst.
Ernte: Für einen größeren Vorrat erntet man kurz vor der Blüte im Juni oder Juli. Man schneidet die oberen Teile der Stängel ab, bindet sie zu Sträußen und hängt sie kopfüber an einen luftigen Platz. Junge Blätter können den ganzen Sommer über gepflückt werden.
Verwendung: Spricht man bei uns von Melisse, so meint man üblicherweise die Zitronenmelisse. Die Pflanze mit dem intensiven Duft nach Zitrone ist eine hervorragende Bienenweide. Sie ist eine der wenigen Heilpflanzen, die für den Dauergebrauch geeignet sind.

In der Volksmedizin findet die Melisse Verwendung bei Magen-Darm-Beschwerden, leichten Fällen von Schlafstörungen, Menstruationskrämpfen, nervösen Unruhezuständen, Migräne und Erkältungsbeschwerden. Für einen **Melissentee** übergießen Sie 1 bis 3 Teelöffel getrocknetes Kraut mit 500 ml Wasser, lassen dies abgedeckt 10 Minuten ziehen und filtern dann durch ein Teesieb ab.

Für die äußerliche Anwendung stehen **Melissenöl** und **Melissenspiritus** zur Verfügung, die Sie gebrauchsfertig in der Apotheke erhalten. Bei Kopfschmerzen oder Muskelverspannungen helfen einige Tropfen Melissenspiritus auf den betroffenen Stellen. Melissenöl benutzen Sie zum Einreiben bei Magen- und Darmschmerzen, für ein schnelles entspannendes Bad und für die Duftlampe.

Berühmt ist der **Melissengeist**, der von Karmelitermönchen 1611 entwickelt wurde. Heute enthält er trotz seines Namens keine Melisse mehr, sondern »Oleum Citronellae« (auch »Oleum Melissae indicum«). Dahinter verbirgt sich eine aus Ostindien stammende Grasart mit einem zitronenartigen und melissenähnlichen Geruch.

Zitronenmelissentee ist wohlschmeckend und hilft bei Magen-Darm-Beschwerden.

In der Küche sind frische Melissenblätter durch ihr herrliches Zitronenaroma eine beliebte Zutat für Salate, Süß- und Quarkspeisen, Sommerdrinks und Kräuterlikör (siehe Seite 55). Melissenblätter werden roh verzehrt und den Speisen erst ganz zum Schluss beigegeben.

Lavendelbad
Lavendel als Badezusatz entspannt und beruhigt die Nerven.

- 50 bis 60 g Lavendelblüten, 1 l Wasser. Übergießen Sie die Lavendelblüten in einem Topf mit dem kochenden Wasser, lassen Sie alles 20 Minuten ziehen und filtern dann ab. Gießen Sie den fertigen Extrakt ins Badewasser.

Rosmarin wirkt anregend.

Rosmarinbad

Ein Rosmarinbad belebt und regt den Kreislauf an. Allerdings ist es am Abend nicht empfehlenswert, da man anschließend nur schlecht Schlaf findet.

- 50 bis 60 g Rosmarinnadeln, 1 l Wasser. Übergießen Sie die Rosmarinnadeln in einem Topf mit dem Wasser. Dann bringen Sie die Flüssigkeit zum Sieden, lassen 10 Minuten ziehen und filtern ab. Gießen Sie den Extrakt ins Badewasser.

Rosmarin

Rosmarinus officinalis – Lippenblütler (auch Gedenkemein, Hochzeitskraut, Meertau, Rosemarie)

Botanisches: Dieser immergrüne und mehrjährige Halbstrauch stammt aus dem Mittelmeerraum. Er wird 50 bis 200 cm hoch und besitzt nadelartige, 2 bis 3 cm lange und 4 mm breite Blätter. Im Frühjahr erscheinen in den Blattachseln die blassblauen, rosa oder weißen Blüten.

Inhaltsstoffe: Reichlich ätherische Öle, Gerb- und Bitterstoffe, Harz und Säuren

Anbau: Rosmarin ist in unseren Breiten nur in Gebieten mit mildem Weinbauklima winterhart. Da Rosmarin sehr langsam wächst, empfiehlt es sich nicht, ihn aus Samen zu ziehen. Es ist sinnvoller, eine Jungpflanze in einer Baumschule zu kaufen oder ihn im späten Frühjahr bzw. frühen Herbst durch Stecklinge zu vermehren. Dafür stecken Sie 10 cm lange Triebe in eine Mischung aus 2 Teilen grobem Sand und 1 Teil Anzuchterde.

Rosmarin braucht einen vollsonnigen Standort mit lockerem, humosem Boden. Kleinere Pflanzen holt man vor den ersten Nachtfrösten ins Haus und überwintert sie hell und kühl bei mäßigem Gießen. Ältere ausgepflanzte Exemplare benötigen im Wurzelbereich einen Winterschutz. Rosmarin wird mit reichlich Kompost gedüngt und erhält eine organische Düngung im Frühsommer. Düngen Sie ab August nicht mehr, damit das Holz ausreifen kann.

Ernte: Triebspitzen oder einzelne Nadeln können ganzjährig geerntet werden.

Verwendung: Von alters her schrieb man Rosmarin, dem an Duft wohl nur noch der Lavendel gleichkommt, viele kräftigende und heilende Eigenschaften zu. Wegen seines belebenden Duftes gilt er als Stärkungsmittel für das Gedächtnis. Weiterhin steht er für Treue in Liebe und Ehe. Im bäuerlichen Brauchtum wurde er als immergrüne Zierde bei Hochzeiten und kirchlichen Festen in Kränze oder Sträuße gebunden. Wie viele andere Heilpflanzen gelangte auch er über die Klostergärten zu uns.

Rosmarin hilft bei Blähungen, Verdauungsstörungen, Völlegefühl und regt den Appetit an. Doch ist er bei übermäßigem Gebrauch nicht unbedenklich, da er Magen und Darm reizen kann. Schwangere sollten ihn deshalb ganz meiden. Rosmarin wirkt anregend, kräftigend und nervenstärkend. Bei niedrigem Blutdruck und Schwächezuständen hilft **Rosmarintee**. Überbrühen Sie dafür 1 Teelöffel getrocknete Rosmarinnadeln mit kochendem Wasser, lassen 15 Minuten ziehen und filtern dann durch ein Teesieb ab.

Verspannungen, Sportverletzungen oder rheumatischen Beschwerden lindern Einreibungen mit **Rosmarinspiritus**. Zur Herstellung benötigen Sie 30 g getrockneten Rosmarin und 500 ml 70-prozentigen Alkohol. Dann wie im Grundrezept (siehe Seite 32) beschrieben fortfahren. Der Ansatz muss mindestens 4 Wochen an einem sonnigen Platz durchziehen. Bewahren Sie den fertigen Spiritus in einer dunklen Flasche auf.

Aufgrund seines starken Eigengeschmacks wird frischer oder getrockneter Rosmarin in der Küche nur sehr sparsam eingesetzt. Er wird mitgekocht und passt gut zu italienischen Gerichten, Hähnchen, Schweinebraten, Lamm, Tomatensuppe, Eintöpfen und gegrilltem Fleisch.

Thymianbad

Ein Bad mit Thymian lindert aufkommende Erkältungsbeschwerden.

- 100 g Thymiankraut, 3 l Wasser. Übergießen Sie den Thymian in einem Topf mit dem Wasser. Dann bringen Sie die Flüssigkeit zum Sieden, lassen abgedeckt 20 Minuten ziehen und filtern ab. Gießen Sie den Extrakt ins Badewasser.

Thymian

Thymus vulgaris – Lippenblütler (auch Gartenthymian, Quendel, Wurstkraut, Demut)

Botanisches: Thymian ist ein reich verzweigter, 20 bis 30 cm hoher Halbstrauch. Seine Heimat ist das westliche Mittelmeergebiet. Er besitzt kleine elliptische Blättchen, die am Rand etwas eingerollt sind. Ab Mai erscheinen hellviolette, duftende Blüten.

Inhaltsstoffe: Ätherisches Öl mit Thymol und Carvacrol, Gerb- und Bitterstoffe, Flavonoide

Anbau: Thymian benötigt einen vollsonnigen, trockenen Standort mit magerem Boden. Am besten gedeiht er in einer Kräuterspirale oder im Steingarten. Er sollte nicht gedüngt werden. Schneiden Sie im Spätsommer die alten Blütenstände und vertrockneten Zweige ab. Dieser regelmäßige Rückschnitt beugt einem Verkahlen der Pflanze vor.

Ernte: Thymian wird kurz vor oder während der Blüte von Juni bis August geerntet. Sammeln Sie die Triebe mit den Blüten in der Mittagszeit. Der Gehalt an ätherischen Ölen ist dann be-

Thymian gibt es in verschiedenen Sorten mit den unterschiedlichsten Duftnoten.

sonders hoch. Nach der Ernte muss das Kraut rasch getrocknet werden.
Verwendung: Im alten Ägypten war Thymian sehr gefragt und wurde sogar landwirtschaftlich angebaut. Man benötigte ihn zur Wundbehandlung und als Zutat zu den Mumifizierungsmitteln. Das griechische Wort »thymos« bedeutet Kraft, Mut, Tapferkeit und Stärke und man glaubte, dass der reichliche Genuss von Thymian diese Tugenden stärken würde. Tatsächlich besitzt Thymian eine stark desinfizierende Wirkung, er tötet nicht nur Bakterien, sondern auch Viren. Durch seine schleimlösende Wirkung hilft er bei Husten und Heiserkeit. Er steigert die körpereigenen Abwehrkräfte, regt den Appetit an und löst Krämpfe.

Bei Magen- und Darmkrämpfen können Sie Thymian äußerlich und innerlich anwenden. Reiben Sie Ihren schmerzenden Magen oder Unterleib mit Thymianöl ein oder legen Sie ein mit Thymian gefülltes Kräuterkissen (siehe Seite 58) auf. **Thymianöl** erhalten Sie in der Apotheke oder Sie stellen es selbst her. Dafür benötigen Sie 1 Hand voll Blütenstände auf 500 ml kaltgepresstes Olivenöl. Dann wie im Grundrezept beschrieben fortfahren (siehe Seite 36). Die Pflanzenteile müssen ganz mit Öl bedeckt werden, sonst schimmeln sie.

Thymiantee trinkt man bei akuten Beschwerden wie auch zur Vorbeugung. Dafür überbrühen Sie 1 Teelöffel getrocknetes Kraut mit 250 ml gerade kochendem Wasser. Dann lassen Sie den Tee kurz ziehen. Die Tagesmenge sollte zwei Tassen nicht überschreiten.

Als Würzkraut macht Thymian Speisen bekömmlicher. Mit seinem aromatischen Geschmack eignet er sich für Eintöpfe, Kartoffeln, Fleischgerichte, Nudeln und viele Gerichte aus der Mittelmeerküche.

Salben

Für die Herstellung einer Salbe gilt folgendes **Grundrezept:** Man erhitzt 50 g Schweineschmalz in einem Topf und rührt 3 Esslöffel klein geschnittene Kräuter hinein. Diese werden kurz behutsam angedünstet und dann vom Herd genommen. Legen Sie einen Deckel auf und lassen Sie diese Mischung mindestens 10 Minuten durchziehen. Dann filtern Sie durch ein Leintuch ab. Pressen Sie das Tuch dabei gut aus, da sonst wertvolle Rückstände hängen bleiben, und füllen Sie die noch warme Salbe sofort in vorbereitete Gläser oder Tiegel, z. B. leere Cremedosen. Achten Sie bei der Herstellung von Salben auf absolut saubere Gefäße und Arbeitsgeräte.

Als Salbengrundlage können Sie statt Schweineschmalz, das nur 3 bis 4 Monate haltbar ist, auch Lanolin (Wollfett) verwenden. Dieses hält bei Aufbewahrung im Kühlschrank bis zu 1 Jahr. Allerdings darf Lanolin bei der Verarbeitung nicht zu stark erhitzt werden. Weiterhin eignet sich jedes andere gute Pflanzenfett. Sollte die Salbenzubereitung nicht geschmeidig genug sein, geben Sie etwas Öl hinzu.

Noch ein Tipp: Greifen Sie niemals mit den Fingern in den Salbentiegel. So können Bakterien oder andere Verunreinigungen in die Salbe gelangen und diese verdirbt. Entnehmen Sie die benötigte Salbenportion stattdessen mit einem Holzspatel, einem Messer oder dem Stiel eines Löffels.

Ringelblumensalbe

Ringelblumensalbe ist ein beliebtes Mittel bei schlecht heilenden Wunden.

- 3 Esslöffel frisch gehackte Blüten und einige Blätter, 50 g Schweineschmalz oder Lanolin. Dann wie im Grundrezept beschrieben fortfahren. Alte Rezepte empfehlen, die Masse 1 Tag durchziehen zu lassen. In diesem Fall wird das Schmalz am nächsten Tag wieder leicht erwärmt und erst dann durch ein sauberes Tuch gefiltert. Ringelblumensalbe wird kühl aufbewahrt.

Spitzwegerichsalbe

Diese hervorragende Wundsalbe wird auf die Ränder von Verletzungen aufgetragen.

- 3 Esslöffel getrocknete Spitzwegerichblätter, 1/2 Esslöffel getrocknete Sauerampferblätter, 50 g Lanolin. Dann wie im Grundrezept beschrieben fortfahren. Spitzwegerichsalbe ist etwa 1 Jahr haltbar.

Spitzwegerich

Plantago lanceolata – Wegerichgewächs (auch Heufresser, Rippenkraut, Siebenrippen, Wegtritt)

Spitzwegerich ergibt eine sehr gute Heilsalbe.

Botanisches: Spitzwegerich wächst auf trockenen Wiesen, an Wegrändern und auf Äckern. Lanzenförmige Blätter bilden eine Rosette. Der Blütenstiel ist länger als die Blätter und trägt unscheinbare bräunliche, walzenförmige Blütenähren. Die Staubgefäße sind lang und zierlich, Blütezeit ist von Mai bis September. Spitzwegerich ist weltweit verbreitet. Ähnlich gute Heilwirkungen hat auch der Breitwegerich (*Plantago major*).
Inhaltsstoffe: Schleim- und Gerbstoffe, Kieselsäure, Iridoidglykoside Aucubin, Catapol
Anbau: Spitzwegerich ist ein heilkräftiges Wildkraut. Sollten Sie ihn nicht ohnehin im Garten haben, so können Sie sich vorsichtig drei bis vier Pflanzen bei Bekannten im Garten ausgraben und bei sich ansiedeln. Pflanzen Sie ihn am besten als Gruppe mit 10 bis 20 cm Abstand ins Kräuterbeet oder vereinzelt in eine Wildblumenwiese.
Ernte: Wegerichblätter sammelt man von Mai bis September. Gehen Sie bei der Ernte besonders behutsam vor, da die Blätter sehr schnell dunkel oder schwarz werden und dann nicht mehr für Heilzwecke geeignet sind. So dürfen sie beim Pflücken und Transportieren nicht gedrückt werden. Beim anschließenden Trocknen sollten sie nicht zu dicht nebeneinander liegen.
Verwendung: Spitzwegerich wird bereits in einer Handschrift aus dem 12./13. Jahrhundert erwähnt. In die Schuhe gelegt sollte er beim Wandern der Blasenbildung vorbeugen. Im Mittelalter war Spitzwegerich eine hoch geschätzte Heilpflanze. Häufig kam er bei Stichen von Skorpionen, Wespen und Bienen sowie bei Bisswunden von Wildtieren, ja sogar bei Bissen giftiger Schlangen zum Einsatz. Aber auch heute noch leistet Spitzwegerich mit seinen desinfizierenden und antibakteriellen Eigenschaften gute Dienste.

Bei einem Insektenstich quetschen Sie mehrere Spitzwegerichblätter an der Rückseite, bis Saft austritt und wickeln sie zu einem Naturverband um die Stichstelle. Er verschafft sofortige Linderung und beugt gleichzeitig einer Entzündung vor. Diese praktische Hilfe ist in freier Natur immer griffbereit.

Spitzwegerich enthält den Antibiotika ähnliche Stoffe. Aus diesem Grund schimmelt **Spitzwegerichsirup** nicht. Er wird in erster Linie gegen alle Erkrankungen der Atmungsorgane wie Ver-

Getrocknete Kräuter aus eigener Ernte und selbst gemachte Salben und Öle sind auch ein schönes Geschenk.

schleimung, Husten, Keuchhusten und Lungenasthma eingesetzt. Spitzwegerichsirup ist gebrauchsfertig in der Apotheke erhältlich.

Für einen **Spitzwegerichtee** überbrühen Sie 1 gehäuften Teelöffel zerkleinerte getrocknete Blätter mit 250 ml Wasser, lassen nur kurz ziehen und filtern dann ab. Die Tagesmenge sollte 2 Tassen nicht überschreiten. Dank seiner Bitterstoffe eignet sich Spitzwegerichtee auch bei Magen- und Darmerkrankungen. Durch seine blutreinigenden Eigenschaften empfiehlt er sich weiterhin für eine Frühjahrskur, besonders für Menschen mit Neigung zu unreiner Haut.

Frische junge Spitzwegerichblätter passen gut in einen Wildkräutersalat. Doch sollte man sie sparsam verwenden, da die Blätter zwar nicht riechen, aber bitter schmecken.

Kräutertees

Eine der ältesten Formen der Pflanzenheilkunde, mit der man leichtere Alltagsbeschwerden behandelt, ist die Teezubereitung aus Heilpflanzen. In der Fachsprache heißen solche Pflanzen auch Drogen. Dieser Begriff hat nichts mit Rauschgift zu tun, sondern ist die Bezeichnung für heilkräftige tierische oder pflanzliche Rohstoffe.

Bei Teezubereitungen aus Heilpflanzen darf man nie vergessen, dass es sich um hoch wirksame Arzneimittel handelt. Für den Dauergebrauch sind sie nicht geeignet. Doch zeigen Pflanzen ihre Wirkung nicht sofort. Daher verschwinden die Beschwerden auch nicht gleich nach einer Tasse Tee.

Für einen Haustee, also ein Getränk für jeden Tag, verwendet man Drogen, die keine ausgeprägte arzneiliche Wirkung haben. Pfefferminze eignet sich beispielsweise nicht für den Dauergebrauch. Sie ist eine Heilpflanze und auch als solche anzuwenden. Pfefferminztee wird nur so lange verabreicht, wie es erforderlich ist.

Teemischungen, die Pfefferminzblätter in kleinen Mengen aus geschmacklichen Gründen enthalten, können auch einmal über einen längeren Zeitraum getrunken werden. Tee, den Sie selbst aus Heilpflanzen herstellen, in der Apotheke oder im Reformhaus kaufen, ist nicht mit einem Tee aus dem Supermarkt vergleichbar. Der Wirkstoffgehalt des Supermarktprodukts ist meist um ein Vielfaches geringer, wenn überhaupt vorhanden.

Heilkräutertee können Sie aus getrockneten Drogen oder aus frischen Pflanzenteilen zubereiten. Bei frischen Heilpflanzen ist die Wirkstoffkonzentration nicht so hoch wie bei getrockneten. Verwenden Sie daher ruhig die doppelte Menge, wenn nicht anders im Rezept angegeben. Getrocknete Pflanzen haben den Vorteil, dass sie bei Bedarf sofort zur Hand sind. Zudem sind sie lagerfähig und stehen auch in den Monaten zur Verfügung, wenn keine frischen Kräuter wachsen. Wie Sie die Pflanzen richtig lagern, lesen Sie im Abschnitt **Fachmännisch aufbewahren** (siehe Seite 29).

Die Heilwirkung der Kräuter hängt von vielen Faktoren ab. Dazu gehören Standort, Lichtverhältnisse und Klima, aber auch die verwendeten Pflanzenteile. Bei einem heilenden Kräutertee ist es nicht gleichgültig, ob er aus Blüten, Blättern oder Wurzeln hergestellt wird. Der Wirkstoffgehalt ist nicht in jedem Pflanzenteil gleich, manchmal steckt er gar nur in bestimmten Pflanzenteilen.

Bei der Zubereitung des Tees kommt es darauf an, ob er mit heißem Wasser aufgekocht, nur übergossen oder durch Extraktion mit kaltem Wasser hergestellt wird. Kocht man eine Pflanzenart, deren Hauptwirkstoffe ätherische Öle sind, zum Beispiel Kamillenblüten oder Salbeiblätter, so verflüchtigt sich der größte Teil des ätherischen Öles und der Tee zeigt kaum Wirkung. Solche Heilkräuter übergießt man deshalb nur mit siedendem Wasser und deckt die Tasse ab. So können die ätherischen Öle ihre volle Wirkung entfalten. Die häufigste Form der Teezubereitung ist der Aufguss. Dafür übergießen Sie die klein geschnitten Pflanzenteile mit nicht mehr kochendem Wasser. Jetzt decken Sie das Gefäß ab, lassen die Arzneipflanzen etwa 5 bis 10 Minuten ziehen und filtern dann durch ein Teesieb ab. Rechnen Sie pro Tasse Tee 150 ml Wasser. Früchte, die ätherische Öle enthalten, wie Anis, Fenchel oder Kümmel, werden im Mörser gequetscht oder mit einem Messer leicht aufgedrückt, bevor man sie mit heißem Wasser übergießt.

Eine wichtige Rolle spielt noch, wann und wie Sie den Tee trinken. Ein appetitanregender Tee entfaltet seine Wirkung natürlich nur vor dem Essen, während ein Verdauungstee erst nach dem Essen getrunken wird. Die beste Zeit für einen harntreibenden Tee ist zwischen den Mahlzeiten und für einen Schlaftee etwa 30 Minuten vor dem Schlafengehen, am besten auf der Bettkante. Kräutertees werden langsam Schluck für Schluck getrunken, damit sich ihre wohltuende Wirkung voll entfalten kann.

Heilkräuter gegen Husten

Bei leichtem Husten ohne stärkere Brustbeschwerden, wie er als Begleiterscheinung von Erkältungskrankheiten auftritt, helfen Thymian, Spitzwegerich, Eibisch, Königskerze, Schlüsselblume und Huflattich. Den Dauergebrauch von Huflattich sollten Sie wegen möglicher Leberschädigungen allerdings vermeiden.

Bewährt hat sich folgender **Hustentee:** Mischen Sie Huflattich, Spitzwegerich und Thymian zu gleichen Teilen. Überbrühen Sie pro Tasse 1 Teelöffel der Kräutermischung mit heißem Wasser und decken die Tasse ab. Lassen Sie den Tee 10 Minuten ziehen und filtern dann ab. Süßen Sie den Hustentee nach Geschmack noch mit etwas Honig.

Dauert der Husten länger oder sitzt er auf der Brust fest, sollten Sie einen Arzt zurate ziehen.

Heilkräuter gegen Halsschmerzen

Halsschmerzen und Schluckbeschwerden sind die typischen Begleiterscheinungen von Erkältungskrankheiten, die durch Virusinfektionen hervorgerufen werden. Ein **Tee aus Salbei** lindert die Beschwerden recht zuverlässig. Sie können ihn auch zum Gurgeln verwenden. Übergießen Sie dafür 1 Teelöffel getrocknetes Kraut oder einige frische Salbeiblätter mit etwa 80 °C warmem Wasser, lassen abgedeckt 2 bis 5 Minuten ziehen und filtern dann ab. Tee aus frischem Salbei können Sie bis zu 10 Minuten ziehen lassen. Trinken Sie pro Tag 2 Tassen in kleinen Schlucken. Bei Bedarf können Sie den Tee mit etwas Honig süßen. Wer den reinen Salbeigeschmack nicht mag, mischt mit Kamille zu gleichen Teilen. Sie hemmt zusätzlich noch Entzündungen. Haben sich die Schmerzen nach 3 bis 4 Tagen nicht gebessert,

Kräutertee sollte möglichst heiß und langsam Schluck für Schluck getrunken werden.

sollten Sie jedoch einen Arzt aufsuchen.

Als **Gurgellösung** bereiten Sie die doppelte Menge des Teerezeptes zu und spülen oder gurgeln mehrmals täglich mit dem warmen Aufguss.

Plagt Sie schon eine fieberhafte Erkältung, hilft ein **Tee aus Lindenblüten**. Er mildert den Hustenreiz bei Katarrhen der Atemwege und bringt gleichzeitig den Körper zum Schwitzen. Übergießen Sie 1 bis 2 Teelöffel Lindenblüten mit siedendem Wasser und filtern Sie nach 5 Minuten ab. Trinken Sie davon mehrmals täglich 1 bis 2 Tassen.

Heilkräuter gegen Magen-Darm-Beschwerden

Bei Magenkrämpfen beruhigt ein Kamillentee, ein Tee aus Pfefferminze löst Verkrampfungen und wärmt.
Bei Magendrücken und Völlegefühl greifen Sie besser zu einem Tee aus Wermut, der allerdings sehr bitter schmeckt. Auch Anis, Bohnenkraut, Fenchel, Kümmel, Melisse, Salbei und Schafgarbe lindern Magen- und Darmbeschwerden. Vergessen Sie nicht die Samen von Fenchel, Kümmel und Anis vor dem Aufbrühen zu zerstoßen, damit sich mehr Inhaltsstoffe im heißen Wasser lösen können.

Um bei **Kamillentee** eine ausreichend heilkräftige Wirkung zu erzielen, benötigen Sie pro Tasse mindestens 2 bis 3 Teelöffel. Die Kamillenblüten übergießt man mit heißem Wasser, lässt abgedeckt 5 bis 10 Minuten ziehen und filtert dann ab. Bei **Pfefferminze und Melisse** reichen pro Tasse 1 bis 2 Teelöffel. Übergießen Sie diese Kräuter ebenfalls nur mit heißem Wasser und lassen Sie den Tee abgedeckt 10 bis 15 Minuten ziehen. Für einen **Tee aus Schafgarbe** überbrühen Sie pro Tasse 2 Teelöffel mit heißem Wasser, lassen den Aufguss 10 Minuten ziehen und filtern durch ein Teesieb ab.

Bei Verdauungsproblemen können Sie einen **Tee aus Monarda** zubereiten.

Heilkräuter gegen Durchfallerkrankungen

Bei Durchfall verliert der Körper viel Flüssigkeit. Nehmen Sie deshalb reichlich leicht gesalzenen Tee zu sich. Bei diesem Krankheitsbild greift man zu Heilpflanzen mit Gerbsäure, die stopfend und zusammenziehend wirken. Zu diesem Pflanzenkreis gehören Andorn, Bohnenkraut, Fenchel, Frauenmantel und Schafgarbe.

Für **Fencheltee** übergießen Sie 1 Teelöffel frisch gepresste Samen mit heißem Wasser, lassen abgedeckt 5 Minuten ziehen und filtern dann ab. Trinken Sie davon mehrmals täglich 1 bis 2 Tassen. So bereiten Sie auch **Anistee** zu, der allerdings 10 bis 15 Minuten ziehen muss. Ebenso hilft eine **Teemischung** aus Anis, Fenchel und Kümmel. **Frauenmantel** ist zur Unterstützung von unspezifischen Durchfallerkrankungen und Magen-Darm-Störungen geeignet. Pro Tasse überbrühen Sie 2 bis 3 Teelöffel Kraut mit heißem Wasser, lassen 10 Minuten ziehen und gießen dann durch ein Teesieb ab. Trinken Sie davon täglich bis zu 3 Tassen zwischen den Mahlzeiten.

Sanft schlafen mit Kräutern

Wer nicht schlafen kann, fühlt sich müde und schlapp, ist in seiner Leistungsfähigkeit eingeschränkt und anfälliger für Krankheiten. Neben einem Kräuterkissen (siehe Seite 58) können Sie folgenden **Tee** ausprobieren: Übergießen Sie 1 bis 2 Teelöffel einer Mischung aus Baldrian, Hopfen, Kamille und Melisse (jeweils zu gleichen Teilen) mit heißem Wasser, lassen sie abgedeckt 5 Minuten ziehen und filtern dann ab. Wenn Sie Ihren Teeaufguss nur aus Melisse oder Kamille zubereiten, können Sie auch 3 Teelöffel der Mischung (jeweils zu gleichen Teilen) nehmen und den Tee bis zu 10 Minuten ziehen lassen. Süßen Sie den Tee nach Wunsch mit Honig und trinken Sie ihn möglichst heiß auf der Bettkante.

Nerventee

Nervosität ist ein Alarmsignal, nehmen Sie es ernst. Pflanzliche Beruhigungsmittel bieten wertvolle Unterstützung und dämmen Ruhelosigkeit oder Reizzustände etwas ein. Tees mit beruhigender Wirkung enthalten Baldrian, Hopfen, Johanniskraut, Kamille, Lavendel oder Melisse. Nerventees werden über einen längeren Zeitraum zwei- bis dreimal täglich, möglichst warm, getrunken. Auch Johanniskraut kann als Antidepressivum angewendet werden (siehe Seite 37). Weiterhin hilft Rosmarin. Er stabilisiert den Kreislauf und erfrischt. Trinken Sie Rosmarintee aber nicht abends, da er Sie dann am Einschlafen hindert. Ein erholsamer, tiefer Schlaf ist ja gerade bei Nervosität sehr wichtig, da man daraus wieder Kraft für den nächsten Tag schöpft.

Entschlackungstee
Im Frühjahr sind Entschlackungskuren besonders beliebt, um die angesammelten Schlacken- und Giftstoffe aus dem Körper zu schwemmen. Dabei helfen Tees aus unterschiedlichen Heilpflanzen mit entwässernder Wirkung. Sie sollten aber eine solche Kur nur dann durchführen, wenn Sie sich körperlich gesund fühlen und Ihr Arzt keine Bedenken hat.

Vielleicht erinnern Sie sich noch an den wenig wohlschmeckenden, aber sehr gesunden Brennnesseltee Ihrer Großmutter. Bei der Entschlackung und Blutreinigung unterstützen Teemischungen aus Birken- und Brennnesselblättern, Gänseblümchen, Liebstöckel, Löwenzahnwurzel und Zinnkraut. Zur Geschmacksverbesserung können Sie noch Minze, Orangen- und Rosenblüten oder auch Ringelblumen zugeben. Für einen **Entschlackungstee** übergießen Sie 1 bis 2 Teelöffel Ihrer Mischung mit 250 ml kochendem Wasser, lassen 10 Minuten ziehen und filtern dann ab. Trinken Sie täglich 1 bis 3 Tassen und dehnen Sie die Kur nicht länger als 3 bis 4 Wochen aus.

Haustee
Mischen Sie je 20 g Fenchelsamen, Hagebutten und Brombeerblätter und je 10 g Kamillenblüten und Himbeerblätter. Übergießen Sie 2 Teelöffel dieser Mischung mit 250 ml Wasser, lassen 5 bis 10 Minuten abgedeckt ziehen und filtern dann durch ein Teesieb ab.

Standard-Teemischungen können Sie ganz nach Belieben hinsichtlich Zusammensetzung und Menge mit unbehandelten Apfelschalen, Erdbeer- oder Melissenblättern, Kamillen-, Linden-, Monarden- und Rosenblüten oder Ringelblumen verändern. Experimentieren Sie einfach. So lernen Sie den Geschmack der einzelnen Kräuter besser kennen.

Feines aus Omas Küche

Kräuter sind weit mehr als eine bloße Dekoration für das Fensterbrett. Sie stärken unsere Gesundheit und steigern unser körperliches Wohlbefinden. Und nicht zuletzt kann man aus Küchenkräutern ganz individuelle, erlesene Köstlichkeiten zubereiten. Viele Kräuterspezialitäten, die noch unseren Großmüttern geläufig waren, sind leider in Vergessenheit geraten oder wurden durch moderne Fertigprodukte verdrängt. In diesem Kapitel finden Sie Anregungen und Vorschläge, um selbst wieder kreativ zu werden.

Kräuter sind in allen Küchen der Welt unentbehrlich. Eine indische Weisheit besagt: »In den Kräutern liegt die ganze Kraft der Welt. Derjenige, der ihre geheimen Fähigkeiten kennt, ist allmächtig.« Kräuter bereichern unsere Küche in vielfältiger Weise. Sie verleihen den Speisen Würze und Aroma, liefern wichtige Vitamine, sparen Salz und machen viele Gerichte bekömmlicher.

Für alle frisch verwendeten Küchenkräuter gilt gleichermaßen: Geben Sie die frisch gehackten Kräuter erst ganz am Ende des Kochvorgangs zum Gericht. Geschieht dies früher, verkochen ihre Vitamine, Mineralstoffe und ätherischen Öle. Zudem werden die Kräuter unansehlich. Einige Kräuter wie beispielsweise Rosmarin, Thymian und Salbei sollten Sie jedoch schon früher zugeben, denn erst mit dem Kochen entfalten sie ihre ganze Wirkung (etwa verdauungsfördernd).

Kräuteressig und Kräuteröl

Eine gute Methode Kräuter zu konservieren ist das Einlegen in Essig oder Öl. Die Inhaltsstoffe der Kräuter gehen dabei in die Flüssigkeit über. Sie erhalten so nicht nur ein sehr aromatisches Öl oder einen feinen Essig, sondern auch noch ein gesundes Lebensmittel für Ihre Küche.

Als Basis für Kräuteressig verwenden Sie hochwertigen Apfel-, Weißwein- oder Rotweinessig. Pro Flasche Essig benötigen Sie etwa 2 Esslöffel Kräuter. Noch ein Tipp: Verwenden sie lieber getrocknete Kräuter, mit frischen kann der Essig unter Umständen verderben. Geben Sie die Kräuter in die Essigflasche. Dabei müssen alle Pflanzenteile vollständig mit Flüssigkeit bedeckt sein. Die Flasche stellen Sie anschließend 6 Wochen an einen schattigen Platz. Schütteln Sie sie während dieser Zeit öfters. So verteilen sich die Kräuter und der Essig kann gut durchziehen. Nach dieser Zeit ist der Kräuteressig gebrauchsfertig. Wer möchte, filtert die Kräuter noch ab.

Kräuteressige verfeinern Salate, Soßen und Marinaden. Ihrer Fantasie und Ihren geschmacklichen Kreationen sind keine Grenzen gesetzt. Wer es fruchtig mag, verwendet Melisse und

Kräuteressig und Kräuteröl schmecken nicht nur gut, sondern sehen einfach hübsch aus.

Minze, wer dagegen einen würzigen Essig bevorzugt, aromatisiert mit Oregano, Rosmarin, Salbei und Thymian. Verwenden Sie, was Ihnen zusagt: Knoblauch, auf Schaschlikspieße gereiht, Lorbeerblätter, Wacholderbeeren, unbehandelte Zitronenschalen, Gewürze oder Chilischoten für mehr Schärfe. Wenn Sie Samen, beispielsweise von Anis oder Fenchel, nehmen, dann stoßen Sie diese kurz im Mörser an, bis sie leicht aufplatzen. Lavendel färbt Weißweinessig lila. Verwenden Sie jedoch pro Flasche höchstens eine Messerspitze, sein Geschmack übertönt sonst die anderen Zutaten.

Für Kräuteröl sollten Sie nur bestes kaltgepresstes Olivenöl oder vergleichbares anderes Pflanzenöl verwenden. Geben Sie die frischen Kräuter, beispielsweise ein Bund Basilikum, in eine weite Flasche und übergießen Sie diese mit dem Öl. Lassen Sie den Ansatz dann abgedeckt 14 Tage an einem warmen, sonnigen Platz durchziehen. Währenddessen schütteln Sie ihn täglich und filtern anschließend ab. Auch hier können sie alle Zutaten verwenden, die Ihnen gefallen und schmecken.

Liköre

Nichts ist so edel wie hausgemachter Likör aus eigenen Gartenkräutern oder selbst gesammelten Wildfrüchten. Die Herstellung ist denkbar einfach.

Schlehenlikör
4 Tassen Schlehenbeeren
1 1/2 Tassen Rosinen
Mark von 1 Vanilleschote
3 Tassen Zucker, Honig oder Ahornsirup
4 Gewürznelken
1 l Kirschwasser oder Korn

Die Früchte in einem Mörser zerstoßen, bis sie aufspringen. Der blausäurehaltige Kern darf dabei nicht beschädigt werden. Die Rosinen ebenfalls im Mörser zerstampfen. Früchte, Rosinen und Vanillemark mit den übrigen Zutaten in ein großes Schraubglas geben und mit dem Alkohol übergießen. Das Glas gut verschließen und 8 Wochen aromatisieren lassen, dabei gelegentlich schütteln. Danach abfiltern und in vorbereitete Flaschen füllen. Den Likör vor dem Servieren noch 2 Monate im Keller durchziehen lassen.
Tipp: Schlehen sammelt man nach dem ersten Frost. Wer nicht so lange warten möchte, legt die gepflückten Früchte über Nacht in den Gefrierschrank. Der Likör bekommt einen feineren Geschmack, wenn Sie die Früchte vor der Verarbeitung im Backofen etwas antrocknen lassen.

Getränke, mit Kräutern verfeinert.

Zitronenmelissenlikör
200 g frische Zitronenmelissenblätter
1 kg Zucker
500 ml Wasser
1 l Alkohol (70 %)

Die Zitronenmelissenblätter in eine große Schüssel geben. Zucker und Wasser aufkochen, abkühlen lassen und über die Blätter gießen. Die Schüssel abdecken und 2 Tage aromatisieren lassen. Dann den Alkohol zugießen, den Ansatz mit Blättern in Flaschen füllen (gut geeignet sind Milchflaschen mit ihrem weiten Flaschenhals) und etwa 6 Monate durchziehen lassen. Zuletzt abfiltern.
Tipp: Wenn Sie den Ansatz im Juni mit frisch geernteten Zitronenmelissenblättern zubereiten, haben Sie schon ein Weihnachtsgeschenk für einen Liebhaber ausgefallener Liköre. Dieser Likör schmeckt einfach himmlisch.

Erlesenes aus Rosen

Jeder liebt Rosen. Aus ihren herrlich duftenden Blütenblättern lässt sich vielerlei herstellen.

Rosenbowle
6–8 duftende Rosenblüten
2 EL Zucker
1 Gläschen Cognac

2 Flaschen trockener Weißwein
1 Flasche trockener Sekt

Die Rosen entblättern, mit Zucker bestreuen und mit dem Cognac sowie einer halben Flasche Weißwein übergießen. Anschließend 1 bis 2 Stunden kühl stellen, dann abfiltern. Vor dem Servieren den restlichen Weißwein und den Sekt zugeben. Mit frischen Rosenblättern dekorieren.

Rosenessig
1 Hand voll frische Rosenblütenblätter
500 ml Weißweinessig
3–5 Duftpelargonienblätter nach Wunsch

Die Rosenblätter zum Essig in die Flasche füllen und 6 Wochen an einem schattigen Platz durchziehen lassen. Dabei gelegentlich schütteln. Anschließend abfiltern.
Tipp: Rosenessig ist etwas ganz Besonderes. Er passt sehr gut zu grünen Salaten. Die Duftpelargonienblätter verfeinern den Essig noch.

Rosen-Apfel-Gelee
1,5 kg säuerliche Äpfel
50 g Zucker
100 g frische Rosenblütenblätter
Saft von 1/2 Zitrone
500 g Gelierzucker

Die Äpfel schälen, vierteln und das Kerngehäuse entfernen. Die Apfelstücke klein würfeln und mit Zucker und 250 ml Wasser in einen Topf geben. Dann unter Rühren so lange kochen, bis die Früchte musig zerfallen sind. Das Apfelmus durch ein Sieb streichen, dabei den Saft auffangen. 500 ml Saft abmessen.

Die Rosenblütenblätter kurz in kaltem Wasser schwenken, abtropfen und auf einem Küchentuch abtrocknen lassen. Den abgemessenen Apfelsaft mit Zitronensaft und Gelierzucker in einem Topf mischen und unter Rühren zum Kochen bringen. Das Gelee 1 Minute köcheln lassen, dann vom Herd nehmen und die Rosenblätter untermischen. Das heiße Gelee in vorbereitete Schraubgläser füllen und verschließen.

Rosentonikum zur Gesichtspflege
5 g Rosenblütenblätter
100 ml Weißwein (Bioqualität)
50 ml Rosenwasser (Apotheke)

Die Rosenblütenblätter in ein dunkles Gefäß füllen und mit dem Weißwein übergießen. Diesen Ansatz 2 Wochen durchziehen lassen, dann abfiltern. Dabei die Blütenblätter gut auspressen. Die Flüssigkeit nochmals durch einen Kaffeefilter geben. Zuletzt das Rosenwasser untermischen.
Tipp: Dieses Gesichtstonikum ist herrlich geeignet für trockene und empfindliche Haut.

Essbare Blütendekorationen

Viele Blüten sind nicht nur äußerst dekorativ, sondern auch essbar. Oft enthalten auch sie wertvolle Inhaltsstoffe. Besonders appetitlich sehen mit Blüten und Kräutern verzierte Teller aus. Be-

Ein mit essbaren Blüten dekorierter Wildkräutersalat.

reiten Sie doch für die nächste Grillparty einen grünen Salat mit vielen bunten Blüten zu. Mischen Sie beispielsweise die leuchtend gelb-rot-orangen Blütenblätter der Kapuzinerkresse, die zartblauen Blüten des Borretsch und die orangefarbenen Ringelblumenblüten. Für einen Frühlingssalat bieten sich die Blüten von Gänseblümchen oder Veilchen an.

Auch Wein, Sekt, Bowlen oder Aperitifs können Sie mit Blütenblättern schmücken. Allerdings sollten Sie die Blüten erst kurz vor dem Servieren in die Gläser oder Karaffen geben, sonst welken sie und werden unansehnlich. Kandierte Blüten (siehe Seite 75) verzieren Torten und Süßspeisen. Sie verleihen selbst einfachen Kuchen eine ganz individuelle Note.

Schönes aus Omas Haushalt

Aus Kräutern lassen sich wunderschöne und äußerst nützliche Gebrauchsgegenstände zaubern.

Kräuterkissen

Nach einem hektischen Tag fällt es vielen reizüberfluteten Menschen schwer, abends abzuschalten und einen erholsamen Schlaf zu finden. Wer nicht gleich zu Schlaftabletten greifen möchte, kann einmal ein Kräuterkissen ausprobieren. Darauf lässt es sich schön träumen. Die eingefüllten Kräuter enthalten ätherische Öle, die beruhigend auf die Nerven wirken. Durch die Wärme unserer Haut lösen und verflüchtigen sie sich. Diese wohltuenden Substanzen atmet man dann in der Nacht ein.

Ein Kräuterkissen ist ganz einfach herzustellen. Dafür brauchen Sie einen fertig gekauften oder selbst genähten Kissenbezug. Dieser muss gut waschbar sein. Wählen Sie als Material also Baumwolle oder Leinen, Synthetikfasern vermeiden Sie besser. Füllen Sie die Kräuter in eine Musselineinlage und streifen Sie den Kissenbezug darüber. Die Kräuter erhalten Sie gebrauchsfertig in der Apotheke oder Sie trocknen sie selbst. Pro Kissen benötigen Sie 250 bis 300 g getrocknete Kräuter, die 1 Jahr haltbar sind. Geeignet sind Anis, Baldrian, Hopfen, Kamille, Melisse, Pfefferminze, Quendel, Salbei und Thymian. Sie können nur einzelne Kräuter verwenden oder mehrere mischen. Wer kein großes Schlafkissen herstellen möchte, füllt einfach ein Beutelchen mit Kräutern und steckt dieses in sein Kopfkissen.

Duftpotpourri und Duftsäckchen

Kleine, frisch duftende Säckchen für Schrank und Schublade oder üppig mit Blüten und Kräutern gefüllte Schalen gefallen nicht nur Romantikern. Aus unzähligen Potpourrimischungen kann sich jeder seinen Lieblingsduft mit zitroniger, herber oder süßlicher Note auswählen. Dabei inspirieren vielleicht die jeweilige Jahreszeit oder der Anlass. Für ein Geschenk nähen Sie Säckchen aus luxuriösen Stoffen, feinem Leinen oder alter Spitze und befüllen sie mit einem Potpourri.

Die getrockneten Kräuter und Blüten (siehe Seite 28) füllen Sie in ein großes Schraubglas. Zum Fixieren des Duftes geben Sie Eichenmoos, Iriswurzel oder Benzoeharz (Apotheke) in der angegebenen Menge dazu. Diese Mischung lassen Sie anschließend 4 Wochen durchziehen. Währenddessen wird sie alle paar Tage geschüttelt. Danach ist das Potpourri gebrauchsfertig.

Als Zutaten für ein Potpourri eignen sich Duftpelargonien, Eber- und Weinraute, Lavendel, Majoran, Minze,

Kräuter zum Genießen: Blütenpotpourries und Kräuteröle für Duftlampen.

Rainfarn, Rosmarin, Thymian, Ysop und Waldmeister. Als Blütenpflanzen stehen Duftwicken, Goldlack, Kamille, Lavendelblüten, Nelken, Orangenblüten, Ringelblumen, Rosen und Veilchen zur Verfügung. In Potpourris passen auch auf Spaziergängen gesammelte Zapfen von Erle oder Lärche sowie getrocknete Orangenscheiben oder ganze Zimtstangen. Lassen Sie Ihrer Fantasie freien Lauf.

Würziges Potpourri
250 g duftende Rosenblüten
125 g Rosmarinnadeln
2 EL Pfefferkörner
1 EL Iriswurzel

Alle Zutaten mischen und wie oben beschrieben verfahren.

Frisches Potpourri
200 g duftende Rosenblüten
50 g Zitronenthymian
50 g Duftpelargonienblätter mit Zitronenduft
Schale von 1 Zitrone

Alle Zutaten mischen und wie oben beschrieben verfahren.

Duftpelargonie

Pelargonium – Storchschnabelgewächs (auch Duftgeranie)

Botanisches: Die aus Südafrika stammenden Pelargonien wurden 1632 nach Europa gebracht, in den Garten von John Tradescant, dem Gärtner der englischen Königin. Von den über 355 bekannten, wild wachsenden Arten ist *Pelargonium graveolens* vermutlich die Stammmutter vieler Duftpflanzen. Sie kommt in vielerlei Formen vor. So stehen neben Varianten mit samtig behaarten Blättern und Minzduft solche mit rauen Blättern und Rosen- oder Zitronenduft. Die durch Stecklinge vermehrten Pflanzen sind strauchartig, werden über 1 m hoch und tragen meist wenige kleine rosafarbene Blüten. *P. graveolens* gilt als wichtigste Art für die Herstellung von Geraniumöl.

Duftpelargonien gibt es in den unterschiedlichsten Sorten und Duftnoten.

Inhaltsstoffe: Ätherische Öle
Anbau: Duftpelargonien sind in unseren Breiten nicht winterfest. Daher empfiehlt es sich, sie in Töpfen zu kultivieren. Im Winter werden sie ins Haus geholt und hell bei etwa 7 °C überwintert. Die Erde sollte locker, humos und lehmig sein. Als Fertigsubstrat eignet sich nicht zu torfige Geranienerde. Werden die Blätter zum Kochen verwendet, düngt man nur mit Kompost oder Guano. Ansonsten erhalten die Pflanzen den Sommer über wöchentlich eine Gabe handelsüblichen Dünger. Bei richtiger Kultur werden die Pflanzen selten von Krankheiten befallen. Vor dem Austrieb im Frühjahr findet, drei bis vier Augen über der verholzten Stelle, ein Rückschnitt statt. Aus den abgeschnittenen Trieben können Sie sofort wieder Stecklinge für neue Pflanzen machen. Sie wachsen leicht an.
Ernte: Von diesen kostbaren Pflanzen sollten nur einzelne Blätter frisch geerntet werden. Für Potpourris verwenden Sie Zweige, die beim Rückschnitt anfallen.
Verwendung: In der Zeit von Königin Viktoria waren die Duftblattgeranien in England außerordentlich verbreitet. Sie wurden in herrschaftlichen Gewächshäusern und Bauernhäusern gleichermaßen gehegt und gepflegt. Heute verraten uns die Namen ihre vielfältigen Duftnoten: Pfefferminzgeranie, Rosengeranie oder Zitronengeranie. Daneben gibt es noch viele andere Varianten wie z. B. Old Spice, Zimt oder Apfel.

Duftpelargonien werden hauptsächlich in der Kosmetik und Aromatherapie verwendet. Mit ihrem wunderbaren Duft bereichern sie unsere Gärten und mit ihrer Würzkraft unsere Speisen. Einige Blättchen aromatisieren Essig (siehe Seite 56) oder klein geschnitten den Salat. Ein mitgekochtes Blatt verfeinert jeden Milchreis. Auch ein Blatt in der Teedose verleiht Tee eine besondere Note.

Duftkerzen

Kerzen sind ein fester Bestandteil von festlichen Anlässen. So sorgen sie an Weihnachten oder bei Familienfesten für eine stimmungsvolle Atmosphäre. Doch erfreuen sie uns auch im Alltag. Kerzen sind sehr vielseitig, sie passen ins Esszimmer ebenso wie auf eine stilvoll gedeckte Kaffeetafel. Auch das Spiel von Feuer und Wasser übt einen ganz besonderen Reiz auf uns aus. Kerzen können in Trink- und Wassergläsern schwimmen, oder in flachen Schalen aus Glas, Email oder Metall. Da Kerzen eine schöne Stimmung zaubern, liegt es nahe, sie mit einem betörenden Duft zu kombinieren oder mit entspannenden Duftölen zu mischen. Für den Garten bieten sich Insekten abwehrende Düfte an.

Duftkerzen können Sie ganz einfach selbst herstellen. Mischen Sie dem flüssigen Wachs (meist Paraffin) einige Tropfen Duftöl bei, bevor Sie es in die Kerzenform gießen. Meist genügen bereits wenige Tropfen. Verwenden Sie nur hochwertige Öle. Das Wachs schmelzen Sie in einem alten Topf. Lassen Sie es nicht zu heiß werden, da Wachs sich leicht entzündet. Als Form können Sie Dosen, alte Glühbirnen, gekaufte Gefäße oder auch schöne

Terrakottatöpfe eignen sich gut als Gefäße für Duftkerzen.

Tontöpfe nehmen. Sehr dekorativ ist es, wenn Sie die Tontöpfe zum Schluss mit Moos umwickeln.

Wenn Sie Wachs in einen Behälter füllen wollen, können Sie die benötigte Wachsmenge herausfinden, indem Sie die Form mit Wasser füllen und die Wassermenge abmessen. Für 100 ml Wasser brauchen Sie 90 g festes Wachs.

Vor dem Wachseingießen sind zwei Dinge zu tun: Sie müssen ein eventuell vorhandenes Abzugsloch im Gefäss verstopfen und den Docht befestigen. Die jeweils benötigte Größe hängt vom Durchmesser der Kerze ab. Ein 2,5 mm starker Docht ist richtig für eine Kerze mit einem Durchmesser von 2,5 cm. Für Gefäßkerzen gibt es im Fachhandel spezielle Dochte. Das Befestigen des Dochtes im Gefäß gelingt recht gut, indem Sie einen Holzstab über den Behälter legen, den Docht daran befestigen und in das Gefäß hineinhängen lassen.

Gelwachs lässt sich sehr leicht verarbeiten. Man kann es auch in Gläser gießen und mit dekorativen Gegenständen und Kräutern, wie beispielsweise Orangenscheiben, Zimtstangen, Rosmarin- oder Thymianzweigen schmücken.

Mit Kräutern gegen Motten

Wer Motten oder anderes Getier ohne Chemie fern halten will, findet in einigen Pflanzen wirksame Helfer. Ihr intensiver Geruch, den sie dank ihrer ätherischen Öle verströmen, vertreibt die ungebetenen Gäste.

Besonders gute Dienste leistet Lavendel. Schneiden Sie Sträußchen von Lavendelblüten, trocknen Sie diese im Schatten und legen Sie die herrlich duftenden Bündel dann in Ihre Schränke. Um Ihre Wäsche vor den Blütenkrümeln zu schützen, streifen Sie die Blüten vorsichtig ab und geben sie in kleine Beutelchen. Ist der Duft des Säckchens nach einiger Zeit verflogen, träufeln Sie einfach ein paar Tropfen Lavendelöl darauf.

Auch andere Kräuter vertreiben Motten und Ungeziefer. So besitzt die Eberraute Insekten abwehrende Eigenschaften und kann wie Lavendel eingesetzt werden. Ebenso wirken Balsamkraut, Heiligenkraut, Rainfarn, Rosmarin, Schwertlilienwurzel, Waldmeister und Weinraute. Sie können die Pflanzen auch nach Belieben mischen und sich so Ihre individuelle Duftnote zusammenstellen.

Färben mit Pflanzen

Mit einigen Pflanzenteilen lassen sich Stoffe und T-Shirts gut färben. So ergeben Zwiebel- und Walnussschalen, Teeblätter und Zapfen braune Töne. Ligusterbeeren färben schwarz, Holunder- und Brombeeren violett. Färberginster und andere Ginsterarten tönen beigegelb, Goldrute goldgelb. Für hellgelbe bis zartgrüne Töne verwendet man Birken- und Holunderblätter, für gelb- bis olivgrüne Töne Rainfarn und für gelb- bis moosgrüne Farbtöne Brennnesseln. Die Färbemethoden sind je nach Pflanzenart sehr unterschiedlich (siehe Literatur, Seite 120).

Um Ostereier braun zu färben, geben Sie grüne Walnussschalen in einen alten Topf und lassen diese 30 bis 60 Minuten köcheln. Die ausgeblasenen Eier verzieren Sie mit dekorativen Blättern, zum Beispiel Erdbeerblättern, indem Sie Eiweiß auf die Blattrückseite streichen und dieses dann auf das Ei kleben. Das können auch kleinere Kinder schon. Dann tauchen Sie die Eier mit einem Löffel so lange in den Sud, bis der gewünschte Farbeffekt erreicht ist. Anschließend werden die Eier gut getrocknet, die Blätter entfernt und die Eier mit einem Faden, an dessen unterem Ende eine kleine Perle befestigt ist, aufgehängt. An der Stelle, wo die Blätter klebten, sieht man in weißen Umrissen die Blattform.

Pflanzenporträts von A bis Z

Anis

Pimpinella anisum – Doldengewächs (auch Süßer Kümmel, Runder Fenchel, Brotsamen)

Botanisches: Anis stammt ursprünglich wohl aus Asien. Der Geschmack dieser fein behaarten, duftenden Pflanze ist würzig und etwas süßlich. Ihr volles Aroma entfaltet sich aber erst beim Lagern. Aus einer Blattrosette wächst ein 30 bis 50 cm hoher Stängel. Die Grundblätter sind ungeteilt, die Stängelblätter nach oben hin zunehmend feiner zerteilt. Von Juli bis August erscheinen weiße Blütendolden. Danach bilden sich kleine, eiförmige Früchte mit je zwei Samen.

Inhaltsstoffe: Ätherisches Öl mit Anethol, Methylchavicol, Anisaldehyd, Cumarine

Anbau: Anis braucht einen vollsonnigen, windgeschützten Standort mit kalkhaltigem Boden. Die Aussaat im Freiland erfolgt im April. Anis ist ein Dunkelkeimer. Die Samen benötigen zum Keimen manchmal bis zu 4 Wochen. Deshalb empfiehlt es sich, ihn im Februar oder März auf der Fensterbank vorzuziehen. Anis benötigt sonnige, trockene Sommer, um voll auszureifen. In unseren Breiten gelangen nur kleinfrüchtige Sorten zur Reife. In normaler, durchlässiger, mit Kompost angereicherter Gartenerde verlangt Anis keinen weiteren Dünger. In mageren Böden arbeitet man gleich beim Pflanzen Dünger ein und mulcht, sobald die Jungpflanzen 20 cm hoch sind.

Ernte: Anis erntet man, sobald sich erste Samen an den Dolden braun färben. Er wird zu Sträußen gebunden und kopfüber aufgehängt. Legen Sie ein Tuch darunter, damit die Samen nicht verloren gehen. Frische Blätter kann man den ganzen Sommer hindurch ernten.

Verwendung: Bereits 1500 v. Chr. preist eine Quelle die Atemfrische nach Anisgenuss. Man fand Anis auch

Anis ist schleim- und krampflösend.

im Kolosseum, wahrscheinlich waren Aniskekse ein beliebtes Knabbergebäck bei den Gladiatorenkämpfen. Über die Alpen gelangte Anis im Gepäck der Römer. Im Mittelalter wurde er als Aphrodisiakum benutzt, in alten Kräuterbüchern gilt er als gutes Mittel gegen Fieber, Leibschmerzen, Erkältungen und Magengeschwüre.

Anis ist schleim- und krampflösend, was ihn zu einem Heilmittel gegen Blähungen, Bronchitis und Husten macht. So ist er wichtiger Bestandteil vieler Hustenbonbons und -tees. Für einen **Verdauungstee** übergießen Sie 1 Teelöffel gequetschte Samen mit 150 ml heißem Wasser, lassen 10 bis 15 Minuten ziehen und filtern dann durch ein Teesieb ab. Bei Verstopfung trinkt man morgens und abends eine Tasse frisch zubereiteten Tee in kleinen Schlucken. Bei Magen- und Darmkatarrh werden mehrmals täglich 2 bis 3 Esslöffel Tee eingenommen. Für stillende Mütter bereitet man aus Anis einen **Milchbildungstee**. Häufig wird er mit Fenchel und Kümmel gemischt.

Als Gewürz passt Anis zu süßen wie auch zu pikanten Speisen. Frische Anisblätter gibt man in Salate, Soßen oder Aufläufe. Die Samen finden bei verschiedenen Backwaren Verwendung. Auch Schnäpse und Liköre, zum Beispiel Quzo, Pastis oder Raki, werden mit Anis aromatisiert.

Apothekerrose

Rosa gallica, früher *Rosa officinalis* – Rosengewächs (auch Essigrose)

Botanisches: Die Heimat der Apothekerrose sind lichte und trockene Wälder sowie warme und sonnige Steppen von Südeuropa bis zum Ural. Der

Hagebutten enthalten viel Vitamin C.

50 bis 120 cm hohe Strauch besitzt hellrote bis dunkel purpurfarbene, 6 bis 7 cm breite Blüten (siehe Foto Seite 4). Die Blütenstiele und die Blattränder sind mit Drüsen besetzt. Sie verbreiten einen schwachen Essigduft. Die wechselständigen, unpaarig gefiederten Blätter sind teilweise wintergrün.

Inhaltsstoffe: Ätherisches Öl mit Geraniol, Nerol, Citronellol, Gerbstoffe; in den Hagebutten reichlich Vitamin C

Anbau: Die Apothekerrose gedeiht am besten in voller Sonne. Wie alle Rosen braucht sie einen luftigen, aber nicht zugigen Platz, um Pilzbefall zu vermeiden. An den Boden stellt sie relativ geringe Ansprüche, doch sollte das Erdreich vor allem bei starkem Sommerregen gut durchlässig sein. Optimal ist ein tiefgründiger, lockerer Lehmboden mit reichlich organischen Nährstoffen. Die Apothekerrose lässt sich leicht durch Samen vermehren. Dafür erntet man im Herbst die reifen Hagebutten und sät sie im Frühjahr aus. Möglich ist auch die Vermehrung durch Schöss-

Bärlauch eignet sich gut für Frühjahrskuren.

linge, die man im Spätwinter von der Mutterpflanze abtrennt. Wichtig dabei ist, dass jeder Ableger eigene Wurzeln besitzt und sofort wieder eingepflanzt wird. Im Frühjahr wird mit reichlich organischem Dünger gedüngt und um die Pflanze herum gemulcht. Die Apothekerrose benötigt keinen jährlichen Rückschnitt. Zur Verjüngung können Sie die Rose aber im Januar oder Februar nach den strengen Frösten stark zurückschneiden.
Ernte: Frische Rosenblütenblätter erntet man den ganzen Sommer über nach Bedarf, indem man die Rose vorsichtig entblättert. Bei diesem Verfahren reifen bis zum Herbst noch Hagebutten heran. Die Blütenblätter werden frisch verarbeitet oder zum Trocknen auf einen flachen Teller gelegt. Zum Trocknen der Hagebutten entfernt man die Kerne und breitet die Schalen flach aus.
Verwendung: Der Stammbaum der Apothekerrose ist jahrtausendealt und führt direkt ins Morgenland. Man geht davon aus, dass diese Zierrose schon vor 4000 Jahren kultiviert wurde. Erste Abbildungen findet man auf Tontafeln der Sumerer aus der Zeit um 2800 v. Chr. Auch Darstellungen auf einer Mauer in der Nähe des Knossos-Palastes auf Kreta und in ägyptischen Gräbern zeigen die kleine Rose. Nonnen und Mönche pflanzten sie dann wahrscheinlich in ihren abendländischen Klostergärten an. Die Apothekerrose wurde nicht nur ihrer Schönheit wegen kultiviert, sondern bereicherte mit ihren Wirkstoffen jede Klosterapotheke. Wurzeln, Blätter, Blüten und Früchte verarbeitete man zu verschiedenen Heilmitteln.

Die Apothekerrose wirkt adstringierend und stärkend, deshalb ist sie ein hervorragendes Mittel bei Durchfällen. Frische Rosenblütenblätter kühlen geschwollene Augen. Legen Sie einfach einige Blätter als **Kompresse** auf Ihre geschlossenen Augen und Sie werden die kühlende und schmerzlindernde Wirkung bald spüren.

Rosentee beruhigt das Herz, stärkt die Leber und reguliert den weiblichen Hormonhaushalt. Übergießen Sie 1 Hand voll getrocknete Blütenblätter mit 750 ml Wasser und filtern Sie nach 10 Minuten ab. Der Tee kann heiß mit Honig oder kalt mit Zitrone getrunken werden.

Getrocknete Hagebutten als Beigabe in Teemischungen schützen mit ihrem hohen Vitamin-C-Gehalt in den kalten und nassen Wintermonaten vor Erkältungen und grippalen Infekten. Sie erfrischen jede Teemischung mit ihrem säuerlichen Geschmack. **Hagebuttentee** ist deshalb gerade bei Kindern sehr beliebt.

In der Küche kennt man zahlreiche Rezepte mit Rosen: Marmelade, Likör, Essig (siehe Seite 56), Sirup oder Rosenwasser. Kandierte Rosenblüten sind dekorativ und eine begehrte Süßigkeit (siehe Seite 75).

Bärlauch

Allium ursinum – Lauchgewächs (auch Waldknoblauch, Zigeunerlauch, Latschenknofel)

Botanisches: Die Heimat dieses Zwiebelgewächses sind die Laubwälder Europas und des Kaukasus. Die Pflanze ist 20 bis 40 cm hoch und blüht von Mai bis Juni. Die lanzenförmigen Blätter sitzen an langen Stielen. Ein dreikantiger Stängel trägt die weiße, doldige Blüte (siehe auch Foto Seite 2). Die Pflanze verströmt einen intensiven Knoblauchgeruch.

Inhaltsstoffe: Lauchöl in ähnlicher Zusammensetzung wie bei Knoblauch

Anbau: Wie in freier Natur benötigt Bärlauch auch im Garten ein feuchtes und schattiges Plätzchen. Die Erde sollte eher kalkhaltig als sauer sein. Als Dünger genügt eine einmalige Kompostgabe im zeitigen Frühjahr. Die Zwiebeln erhalten Sie im Fachhandel. Achten Sie beim Blätter ernten im Wald unbedingt darauf, dass es wirklich Bärlauch ist. Sehr oft wurde er schon mit Maiglöckchen verwechselt und es kam zu Vergiftungsfällen. Bärlauch erkennt man an seinem intensiven Knoblauchgeruch und den deutlich gestielten Blättern.

Ernte: Die jungen Blätter werden vor der Blüte im April und Mai geerntet.

Verwendung: Bei Ausgrabungen steinzeitlicher Siedlungen fand man neben Pollen auch Samen von Bärlauch. Man geht davon aus, dass diese Pflanze schon sehr früh von Menschen genutzt wurde.

Bärlauch wird ähnlich wie Knoblauch eingesetzt. Verwenden Sie ihn frisch, getrocknet hat er keine Wirkung mehr. Bärlauch eignet sich sehr gut für eine reinigende und entschlackende Frühjahrskur. Er soll zu hohen Blutdruck senken, Arterienverkalkung vorbeugen und bei unreiner Haut helfen. Daneben ist noch seine Heilwirkung bei Durchfällen, Verdauungsbeschwerden und Appetitlosigkeit erwähnenswert.

Streuen Sie die klein geschnittenen Blätter aufs Butterbrot oder würzen Sie damit Suppen, Soßen, Gemüse oder andere Gerichte, zu denen der Geschmack von Knoblauch passt.

Balsamkraut

Tanacetum balsamita – Korbblütler (auch Marienblatt, Frauenminze)

Botanisches: Die ausdauernde Staude, deren oberirdische Triebe im Winter einziehen, erreicht eine Höhe von etwa 1 m. Die Pflanze verströmt einen stark aromatischen Duft. Die Blätter sind lanzenförmig und gleichmäßig gesägt. Im Hochsommer öffnen sich kleine gelbe Blüten in lockeren Dolden. Älteres Balsamkraut bildet ausladende Büsche.

Balsamkraut ist ein in der Volksmedizin bewährtes Frauenheilkraut.

Inhaltsstoffe: Ätherisches Öl, Bitter- und Gerbstoffe
Anbau: Balsamkraut benötigt volle Sonne und einen trockenen, gut wasserdurchlässigen Boden, damit sich die wertvollen Inhaltsstoffe entwickeln können. Schwere Böden müssen mit Sand gelockert werden. Eine Hand voll Kompost bei der Pflanzung fördert das Wachstum. Den jungen Blattaustrieb müssen Sie unbedingt vor Schnecken schützen. Die Pflanzen werden im Abstand von 50 cm gepflanzt, da sie zahlreiche Ausläufer bilden.
Ernte: Die Blätter werden vor der Blüte geerntet und getrocknet. Man kann die frischen Blätter auch in Öl einlegen, das dann ihren aromatischen Geschmack annimmt.

Verwendung: Diese im Orient einst hoch geschätzte Heilpflanze ist heute fast in Vergessenheit geraten. In England ist sie etwas häufiger anzutreffen als bei uns. Auf der Insel Reichenau wuchs sie schon im Klostergarten und wurde von den Mönchen als verdauungsförderndes Mittel genutzt. Später gelangte diese zierliche Pflanze in viele Bauerngärten. Zerreibt man die Blätter zwischen den Fingern, verströmen sie einen wunderbar würzigen Geruch. Er erinnert an Minze und Zitrone, der Geschmack ist leicht bitter.

Der Name Marienblatt weist auf die Verwendung in der Hausapotheke als Frauenkraut hin. **Tee aus Balsamkraut** lindert krampfartige Menstruationsbeschwerden. Er hilft weiterhin bei Magenschmerzen.

Dieses duftende Kraut vertreibt auch Motten und Fliegen. Hierfür trocknen Sie es und geben es zusammen mit Lavendel in den Wäscheschrank.

In der Küche würzen frische junge Blätter Salate, Soßen und Geflügel. Verwenden Sie das intensive Balsamkraut jedoch nur sparsam, sonst übertönt es alle anderen Zutaten. Im Sommer erfrischt ein Tee aus Minze und Balsamkraut.

Basilikum

Ocimum basilicum – Lippenblütler (auch Königs- oder Hirnkraut, Suppenbasil)
Botanisches: Diese aus Indien stammende Pflanze wird 30 bis 60 cm hoch. Die kantigen, aufrechten Stängel sind verzweigt, die zarten Blätter sind meist länglich-oval geformt. Von Juli bis September erscheinen an den Spitzen der Stängel weiße bis rosafar-

Tee aus Basilikum lindert Übelkeit und Magenschmerzen.

bene Blüten. Es gibt sehr viele verschiedene Zier- und Wildformen, deren Blätter in Farbe, Form, Duft und Geschmack stark variieren.
Inhaltsstoffe: Ätherische Öle, Gerbstoffe, Glykosid, Saponin
Anbau: Basilikum wächst bei uns einjährig. Für unsere Breiten eignen sich am besten das großblättrige Basilikum, das widerstandsfähiger, aber nicht so aromatisch ist, und das kleinblättrige Basilikum, das niedrige Büsche bildet und ein feineres Aroma besitzt. Basilikum ist ein Lichtkeimer und wird bei der Aussaat nur spärlich mit Erde bedeckt. Die Aussaat erfolgt im warmen Frühbeetkasten, Gewächshaus oder auf der Fensterbank. Pikieren Sie die Pflänzchen einmal, damit sie kräftiger werden. Dabei setzt man sie in Büscheln etwas tiefer als zuvor in Töpfchen. In der zweiten Maihälfte kommen sie ins Freiland. Geben Sie ihnen den wärmsten und sonnigsten Platz im Garten, Basilikum ist nämlich sehr kälteempfindlich. Der Boden sollte humusreich und ein wenig sandig sein. Basilikum braucht sehr viel Wasser, deshalb muss bei sommerlicher Trockenheit viel gegossen werden. Ist es sehr kalt und nass, gedeiht Basilikum bei uns im Garten kaum. Auch lieben die Schnecken es so sehr, dass Sie die Pflanzen vor ihnen schützen müssen. Basilikum gedeiht auch sehr gut in Töpfen oder Balkonkästen. Kappt man die Triebspitzen, wachsen die Pflanzen buschiger und werden kräftiger. Dies

Beifuß wirkt sich positiv auf einen gereizten Magen aus.

verhindert auch die Blütenbildung.
Ernte: Getrocknetes Basilikum verliert sehr an Würze, deshalb sollte es frisch verarbeitet werden. Das konservierte Kraut eignet sich vor allem für Tee.
Verwendung: Bereits in der Antike gelangte Basilikum von seiner ursprünglichen Heimat Vorderindien in den Mittelmeerraum und nach Europa. In ägyptischen Grabkammern fand man Sträuße aus Basilikum. Der Volksmund nennt es auch Hirnkraut, was auf seine Fähigkeit hinweist, Melancholie zu vertreiben und den Geist zu reinigen.

Basilikumtee schützt nicht nur vor Magen-Darm-Infektionen, sondern sorgt auch für guten Schlaf und eine geregelte Verdauung. Trinken Sie diesen duftenden Arzneitee abends ungesüßt vor dem Schlafengehen. Wer unter Magenschmerzen und Übelkeit leidet, trinkt eine Tasse nach dem Essen. Seine Zubereitung ist einfach: Übergießen 1 bis 2 Teelöffel getrocknete Blätter und Blüten mit 1 Tasse heißem Wasser und filtern nach 5 bis 10 Minuten durch ein Teesieb ab.

Dieses sehr aromatische Kraut schmeckt frisch am besten und ist aus der Mittelmeerküche nicht wegzudenken. Es passt zu Tomaten, Salaten, Kräutersoßen, Fleisch, mediterranem Gemüse und ist Hauptbestandteil des italienischen Pesto. Mit seinem intensiven Geschmack passt Basilikum nur zu wenigen anderen Kräutern. Am besten harmoniert es mit südländischen Kräutern wie Salbei, Rosmarin, Thymian und Dost. Mit Basilikum können Sie auch Öl aromatisieren (siehe Seite 53).

Beifuß

Artemisia vulgaris – Korbblütler (auch Wilder Wermut, Gänse-, Besen- oder Sonnwendkraut)
Botanisches: Diese in ganz Europa wild vorkommende Pflanze wächst auf Schuttplätzen, Geröllhalden und an Wegrändern. Die stattlichen, stark verästelten Stängel mit verschiedenartig gefiederten Blättern bilden eine Staude von 1,5 bis 2 m Höhe. Die gelben bis dunkelbraunen Korbblüten sitzen in langen Rispen. Die Blütezeit ist von Juli bis September.
Inhaltsstoffe: Ätherisches Öl mit Cineol, Thujon, Bitterstoffe, Flavonoide
Anbau: Beifuß verlangt einen sonnigen, trockenen Platz mit magerem Boden. Die natürlichen Standorte zeigen, wie anspruchslos die Pflanze ist. Etwas Kalk wirkt sich günstig aus, schwere

lehmige Böden müssen Sie mit viel Sand und eventuell Kieselsteinen lockern. Die Aussaat erfolgt im März oder April an Ort und Stelle. Sie können auch eine Jungpflanze beim Gärtner kaufen, denn normalerweise genügt eine Pflanze für eine Familie. Später sorgen Sie dann durch Teilung des Wurzelstocks für Vermehrung. Beifußpollen gehören zu den Allergenen. Allergiker sollten deshalb lieber auf die Pflanze verzichten.
Ernte: Die Knospen sollten bei der Ernte noch geschlossen sein, weil sie sonst bitter schmecken. Für die Küche verwenden Sie nur die oberen Teile. Diese können Sie frisch oder getrocknet an die Speisen geben.
Verwendung: Dieses häufig verwendete Kraut galt jahrtausendelang als Zaubermittel gegen jedes Übel. Die Römer legten sich die Blätter in die Schuhe, um ihre Füße vor Übermüdung zu schützen. Im Mittelalter vertrieb man damit Hexen und Teufel. Zum Fest der Sonnenwende gürteten sich die Menschen mit Beifußzweigen, daher auch der Name Sonnwendkraut. Beifuß wirkt krampflösend und beruhigend. Die moderne Medizin setzt ihn deshalb als appetitanregendes Mittel wie auch bei Verdauungsstörungen, Magen- und Menstruationsbeschwerden ein.

Bei nervösen Magenschmerzen hilft ein **Gemüse** aus frischen Beifußblättern. Hierfür waschen Sie die jungen Blätter vorsichtig und dünsten sie dann wie Spinat.

Bei Appetitlosigkeit und Verdauungsstörungen hat sich **Beifußtee** bewährt. Übergießen Sie 2 Esslöffel getrockneten Beifuß mit 500 ml kochendem Wasser, lassen den Aufguss einige Minuten abgedeckt ziehen und filtern dann ab. Diesen Tee trinken Sie schluckweise über den Tag verteilt. Sie können ihn nach Wunsch süßen. Er hilft auch bei schmerzhafter oder ausbleibender Menstruation. Wie alle Heiltees darf Beifußtee nicht dauerhaft getrunken werden.

Die getrockneten Blätter und ungeöffneten Blütenstände eignen sich sehr gut als Würzkraut. Beifuß erleichtert die Fettverdauung und passt deshalb hervorragend zu Schwein, Ente, Gans und Kalb. Aber auch Aal oder Schmalz können Sie damit würzen. Geben Sie einige Stängel mit Blütenknospen in den Sud oder reiben Sie das Fleisch damit ein. Beifuß harmoniert gut mit Knoblauch, Zwiebeln und Pfeffer.

Bohnenkraut

Satureja hortensis – Lippenblütler (auch Eselspfeffer, Wurstkraut, Hühnerfülle)
Botanisches: Diese sehr aromatisch riechende Pflanze stammt aus dem Mittelmeerraum. Die aufrechte, buschig verzweigte Pflanze wird etwa 50 cm hoch und besitzt lanzenförmige Blättchen. Die ölhaltigen Drüsen befinden sich an der Blattunterseite. Die weißen bis rosafarbenen Blüten wachsen in kleinen Gruppen aus den Blattachseln. Die Blütezeit ist von Juli bis Oktober.
Inhaltsstoffe: Ätherisches Öl, Gerbstoffe, wenig Schleimstoffe
Anbau: Bohnenkraut braucht volle Sonne, es verträgt keine nasse Witterung. Der Boden sollte durchlässig und alkalisch sein. Bei saurem Boden müssen Sie Kalk untermischen. Die einjäh-

Bohnenkraut würzt verschiedene Speisen und regt die Verdauung an.

rige Pflanze benötigt nur eine bescheidene Düngung mit etwas Kompost. Die Aussaat unter Glas erfolgt im April oder direkt ins Freiland im Mai nach den Nachtfrösten. Aber aufgepasst: Schnecken lieben das aromatische junge Grün und können über Nacht Ihre ganzen Pflänzchen abfressen. Das ausdauernde Bergbohnenkraut (*Satureja montana*) besitzt ähnliche Eigenschaften. Im Winter benötigt es in kalten Lagen jedoch einen Schutz aus Reisigzweigen. Bohnenkraut eignet sich als Randbepflanzung, zum Beispiel kombiniert mit Thymian und Dost.

Ernte: Frische grüne Blättchen können jederzeit geerntet werden, sobald die Pflanze kräftig genug ist. Für den Wintervorrat ernten Sie kurz vor und während der Blüte. Bohnenkraut behält auch im getrockneten Zustand seine starke Würzkraft.

Verwendung: Bohnenkraut gehört zu den so genannten »Glückskräutern«. Früher bereitete man aus Bohnenkraut, Bockshornklee, Bärenklau und dem giftigen Schöllkraut Liebestränke. Gemahlen auf gegrilltem Fleisch – damit der Gatte es auch wirklich isst – soll Bohnenkraut den ehelichen Freuden dienlich sein. Bohnenkraut ist bereits seit der Antike bekannt. Der lateinische Name *Satureja* leitet sich vermutlich von »Satyr« ab. Diese Wesen – halb Mensch, halb Ziegenbock – stehen in der Mythologie für die unkontrollierbaren menschlichen Instinkte.

Beide Bohnenkrautarten üben eine beruhigende und wohltuende Wirkung auf den Magen aus. Bei Magenproblemen empfiehlt sich folgender **Tee:** Übergießen Sie 1 bis 2 Teelöffel getrocknetes Bohnenkraut mit 100 ml kochendem Wasser, lassen abgedeckt einige Minuten ziehen und filtern dann ab. Dieser Tee fördert auch die Verdauung.

Noch ein Wellnesstipp: Verwöhnen Sie sich doch einmal mit einem **Fußbad** aus Bohnenkraut. Es reinigt, desodoriert und vertreibt die Müdigkeit.

In der Küche verwendet man dieses verdauungsanregende Kraut für alle Hülsenfrüchte. Aber auch zu Ragouts, Wild und anderen Fleischgerichten passt es vorzüglich. Sie können es wie seine Verwandten Thymian, Salbei und Rosmarin benutzen. Frisch gehacktes Bohnenkraut schmeckt auch in Salaten und Suppen köstlich. In der Provence bestreut man damit Frischkäse. Das einjährige Bohnenkraut schmeckt nicht ganz so würzig.

Borretsch

Borago officinalis – Raublattgewächs (auch Gurkenkraut, Blauhimmelsstern, Wohlgemütsblume)

Botanisches: Die Heimat dieser rauhaarigen Pflanze ist das Mittelmeergebiet. Sie wird kultiviert, wächst aber auch in Unkrautfluren. Die bei guten Bedingungen fast 80 cm hoch werdende Pflanze besitzt stark behaarte, weiche Blätter an reich verzweigten, fast borstig behaarten Stängeln. In lockeren Blütenständen hängen die sternförmigen Blüten nickend am Ende der Stängel. Die Farbe der Blüten ist meist leuchtend himmelblau, bisweilen auch rosa oder weiß. Die Blütezeit reicht von Mai bis September.

Inhaltsstoffe: Gerb-, Schleim- und Mineralstoffe, Saponine, Kalium, Kieselsäure, ätherisches Öl

Anbau: Diese vor Kraft strotzende Pflanze bevorzugt volle Sonne, gedeiht aber auch im Halbschatten recht gut. Sie braucht sehr viel Feuchtigkeit, viel Platz und einen gut durchlüfteten, nahrhaften, gemulchten Boden. Es empfiehlt sich, höhere Pflanzen anzubinden, da sie häufig brechen. Ansonsten ist die Pflanze sehr anspruchslos. Bei zu enger Pflanzung kann Mehltau- und Läusebefall auftreten. Säen Sie Borretsch von April bis Juni direkt ins Freiland und decken Sie diesen Dunkelkeimer mit Erde ab. Achten Sie auf genügend Abstand. Das Verpflanzen der Jungpflanzen ist nicht empfehlenswert, da die Setzlinge eine lange Wurzel haben und schlecht wieder anwachsen. Wo der Borretsch einmal wohl fühlt, sät er sich selbst aus. Bienen und Hummeln umschwärmen emsig seine Blüten.

Ernte: Blätter und Blüten werden nach Bedarf frisch gepflückt. Vorsicht: Bei empfindliche Personen löst die Pflanze Hautreizungen aus.

Verwendung: In der Antike sah man in Borretsch ein Mittel gegen Melancholie. Zur Zeit der Äbtissin Hildegard von Bingen wurde er bereits in den Klostergärten angebaut. Dieses herrlich nach Gurken schmeckende, frisch säuerliche Kraut findet auch heute noch Anwendung in der Volksmedizin. Man

Omas Rezept
Kandierte Borretschblüten

- 1 Eiweiß
- Borretschblüten, gewaschen und getrocknet
- Puderzucker (die Blüten müssen ganz damit bedeckt sein)

Das Eiweiß verquirlen, jedoch nicht zu Schnee schlagen. Anschließend die Blütenblätter damit einpinseln. Die klebrig gewordenen Blüten jetzt mit Puderzucker bestreuen und auf ein mit Backpapier ausgelegtes Blech legen. Dieses zum Trocknen in den lauwarmen Backofen schieben.
Tipp: Die kandierten Blüten werden in einem Einmachglas aufbewahrt. Sie sind etwa 1 Woche haltbar. Zum Kandieren eignen sich auch die Blüten von Kapuzinerkresse, Ringelblume oder Rose.

Die essbaren Borretschblüten sind eine schöne Dekoration für Speisen.

Brennnesseln wirken entschlackend und blutreinigend.

sagt ihm harn- und schweißtreibende sowie entzündungshemmende Eigenschaften nach. Auch soll es Depressionen vertreiben.

In der Küche ist Borretsch eine wichtige Würzpflanze. Am besten schmecken frische junge Blätter. Klein gehackt passen sie gut zu Salaten, sommerlichen Drinks, Eierspeisen, Dips, kalten Soßen, Kräutersuppen und -füllungen. Ganze Blätter können auch wie Spinat zubereitet oder in Teig getaucht und ausgebacken werden. Die essbaren Blüten sind eine sehr schöne Dekoration für Salate oder Getränke. Ganz besonders apart sehen in Eiswürfeln gefrorene Blüten in kalten Getränken aus. Mit kandierten Blüten verziert man Kuchen und Süßspeisen.

Brennnessel

Urtica dioica, Urtica urens – Brennnesselgewächs (auch Nessel, Hanf-, Donner- oder Sengnessel)

Botanisches: Die Brennnessel ist weltweit verbreitet. Sie wächst auf Schuttplätzen, in Auenwäldern und Unkrautfluren. Die Große Brennnessel ist in Europa ebenso heimisch wie in Asien oder Nordafrika, in Nordamerika wurde sie eingebürgert. Nur in den tropischen Gegenden Afrikas, Südamerikas und in den Polarregionen findet man sie nicht. Die Kleine Brennnessel hingegen gedeiht auch in diesen klimatischen Extremzonen.

Die Brennnessel ist eine zweihäusige Pflanze mit Brenn- und Borstenhaaren. Die männlichen und weiblichen Blütenstände sind unscheinbar grünlich. Aus einem sehr verzweigten, kriechenden Wurzelstock wachsen vierkantige Stängel. Die Pflanzen blühen von Juli

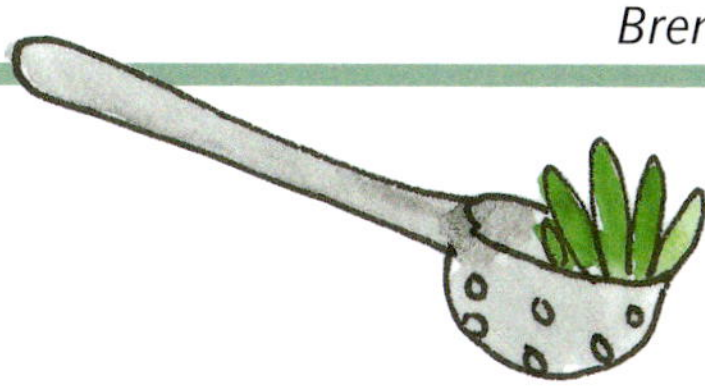

bis in den Herbst. Die Stauden erreichen je nach Standort eine Höhe von 50 bis 150 cm. Die Kleine Brennnessel ist einjährig, vom Wuchs etwas zierlicher, vom Wirkstoffgehalt aber gleich.

Inhaltsstoffe: Flavonoide, Triterpene, Sterole, viel Chlorophyll, Vitamine, Kaliumsalze; in den Haaren der Blätter biogene Amine (Histamin und Serotonin)

Ernte: Man sammelt die jungen Triebe vor der Blüte, also von April bis Juni. Wird die Pflanze immer wieder abgeschnitten, kann man laufend junge Triebe ernten. Jedes Kind kennt die brennenden Eigenschaften dieser Pflanze, die ihr auch ihren Namen eingebracht haben. Schon junge Pflanzen bilden »Nesselgift«, das bei Berührung heftig juckende Quaddeln mit starker Rötung hervorruft. Tragen Sie deshalb bei der Ernte Handschuhe.

Verwendung: Landläufig glaubte man, dass Brennnesseln Blitz und Feuer abwehren könnten. Deshalb räucherte man die Ställe mit ihnen aus, um das Vieh vor Hexen und Teufeln zu schützen. In der altgermanischen Sagenwelt war die Brennnessel das Symbol des Gottes der Blitze. Schon in der Antike wurde sie als Arzneipflanze genutzt und die Klostermedizin des Mittelalters ergänzte die überlieferten Erkenntnisse. Hildegard von Bingen behandelte mit Brennnesseln Magen- und Darmstörungen, Krampfadern, Gedächtnisschwäche und verordnete sie zur Blutreinigung.

Die Brennnessel ist durch ihren hohen Gehalt an Chlorophyll, Eisen und Vitamin C eine äußerst gesunde und entschlackende, blutbildende und blutreinigende Heilpflanze. Sie steigert die Ausscheidung harnfähiger Substanzen, was Gicht, Rheuma und verschiedene Hautkrankheiten lindert.

Aus frischen jungen Trieben bereitet man ein schmackhaftes, gesundes **Gemüse** zu. Dafür blanchieren Sie die Blätter, pürieren sie, dünsten sie kurz in Butter an und schmecken mit Salz und Knoblauch oder Rahm ab. Dieses Gemüse eignet sich für eine Frühjahrskur. Essen Sie dreimal wöchentlich eine kleine Portion.

Ältere Pflanzen, die nicht ausreichend gekocht werden, können zu Magenreizungen, Hautbrennen, Ödembildung sowie zum Versiegen der Harnausscheidung führen.

Aus den getrockneten Blättern kocht man **Brennnesseltee**. Übergießen Sie dafür 2 Teelöffel Kraut mit 1 Tasse heißem Wasser, lassen abge-

Ein Tee aus Dillsamen wirkt krampflösend.

deckt 10 Minuten ziehen und filtern dann ab. Trinken Sie 4 bis 5 Tassen über den Tag verteilt. Eine solche Kur unterstützt Blutreinigung und Stoffwechsel und besitzt zudem einen ausschwemmenden Effekt. Führen Sie sie aber nicht länger als 4 Wochen durch und trinken Sie währenddessen zum Durchspülen täglich mindestens 2 Liter Flüssigkeit.

Eine **Lotion aus Brennnesseln** hat sich bei Schuppen und zur Steigerung der Blutzirkulation in der Kopfhaut, was wiederum den Haarwuchs fördert, gut bewährt. Zerkleinern Sie dafür 40 g getrocknete Blätter, füllen Sie diese in eine Flasche und gießen mit 400 ml 70-prozentigem Alkohol auf. Verschließen Sie die Flasche und lassen Sie den Ansatz 1 Woche ziehen. Währenddessen schütteln Sie ihn täglich. Anschließend filtern Sie durch ein Mulltuch ab und mischen die Tinktur mit 135 ml destilliertem Wasser und 55 ml 70-prozentigem Alkohol. Die Lotion wird täglich in die Kopfhaut einmassiert.

Eine Jauchebrühe aus Brennnesseln wird auch zur Pflanzenpflege im Garten eingesetzt (siehe Seite 13).

Dill

Anethum graveolens – Doldengewächs (auch Gurkenkraut)

Botanisches: Der Dill stammt vermutlich aus dem Vorderen Orient und dem Mittelmeerraum. Inzwischen wächst er jedoch in ganz Europa, außer auf den Britischen Inseln und in Skandinavien. Dill erreicht eine Höhe von 60 bis 120 cm. Er besitzt einen hohlen Stängel mit fein gegliederten, aromatischen Blättern. Er blüht von Juni bis August in großen gelben Dolden. Zur Reifezeit entwickeln sich braune Samen.

Inhaltsstoffe: Ätherisches Öl, Vitamine, Mineralstoffe

Anbau: Diese einjährige Pflanze verlangt volle Sonne im Kopfbereich und einen schattigen Fuß. Der Ausspruch: »Dill macht was er will«, kommt nicht von ungefähr. In manchen Jahren geht die Saat gut auf, in anderen wiederum überhaupt nicht oder die Pflanzen kümmern vor sich hin. Sein Standort sollte windgeschützt sein, der Boden locker, gut durchlässig, aber nährstoffreich. Dill braucht im Wurzelbereich genügend Feuchtigkeit, deshalb muss er in trockenen Perioden ausreichend gegossen werden. Sie können von Frühjahr bis Herbst in Intervallen von 2 Wochen aussäen. So haben Sie stets frische Blätter zur Verfügung. Die Reihen benötigen einen Abstand von mindestens 30 cm. Besser säen Sie Dill als Zwischensaat zu Gurken, Salat, Kohl oder Zwiebeln.

Ernte: Dillkraut schmeckt frisch am besten, lässt sich aber auch gut für etwa 6 Monate einfrieren. Die Stängel werden abgeschnitten bevor die Samenstände anfangen zu bräunen. Binden Sie die Stängel zu lockeren Sträußen und hängen Sie diese kopfüber an einem luftigen, schattigen Platz auf. Legen Sie ein Tuch darunter, so können Sie die Samen bequem aufsammeln. Diese werden dann in verschlossenen Gefäßen aufbewahrt. Legen Sie eine kleine Portion für die Aussaat im nächsten Frühjahr zurück.

Verwendung: Dill ist eine sehr alte Heilpflanze, wie die in Pharaonengräbern von Theben (um 1550 v. Chr.) gefundene Dillzweige zeigen. Die römischen Gladiatoren rieben sich vor ihren Wettkämpfen mit Dillöl ein. Auch Hildegard von Bingen schätzte dieses Kraut »zur Unterdrückung sinnlicher Triebe«. Seit dem frühen Mittelalter wird Dill auch in Deutschland angebaut. Er gelangte mit vielen anderen Kräutern durch die Klostermedizin und die Klostergärten zu uns.

Dill besitzt eine breite Heilwirkung: Er ist appetitanregend, erwärmend, krampflösend, hilft bei Verdauungsbeschwerden, entschlackt und entwässert das Gewebe. Für einen **Heiltee** überbrühen Sie 1 Teelöffel Dillsamen mit 1 Tasse heißem Wasser, lassen abgedeckt 5 Minuten ziehen und filtern dann ab. Trinken Sie bei Beschwerden dreimal täglich eine Tasse.

Die intensiv schmeckende Eberraute regt den Appetit an.

Auch in der Küche wird dieses würzig, süß und erfrischend riechende Kraut gerne verwendet. Frische Dillspitzen aromatisieren Salate, Gemüse, Quarkspeisen, Fisch, Suppen und Saucen. Dillsamen benutzt man für Weißkrautsalat, Sauerkraut und zum Einlegen von Gurken.

Eberraute

Artemisia abrotanum – Korbblütler (auch Eberreis, Zitronen- oder Stangenkraut)

Botanisches: Das Verbreitungsgebiet der Eberraute reicht von Südeuropa bis Sibirien. Der Halbstrauch wird 50 bis 120 cm hoch. Seine schmalen, fein gefiederten Blättchen sind an der Unterseite filzig behaart und besitzen viele Drüsen. Von Juli bis Oktober erscheinen in günstigen Lagen kleine gelbliche Blüten. Die Pflanze hat einen starken, weit verästelten Wurzelstock. Der Großteil der Zweige verholzt, nur die jungen Triebe bleiben krautig. Die Eberraute gehört wie Beifuß, Wermut und Estragon zur großen *Artemisia*-Gattung.

Inhaltsstoffe: Ätherische Öle, Rutin, Cumarine

Anbau: Diese alte Kulturpflanze ist selten verwildert anzutreffen. Sie braucht ein geschütztes, sonniges Plätzchen im Garten. Der Boden sollte kalkhaltig humos sein, Trockenheit bekommt ihr weitaus besser als zu viel Nässe. Gedüngt wird mit Kompost und Steinmehl. Die Pflanze bildet in unseren Breiten selten Samen aus. Jungpflanzen erhalten Sie in Spezialgärtnereien. In der Regel deckt eine Pflanze den Bedarf einer Familie. Wer sie jedoch als Hecke pflanzen möchte, setzt sie im Abstand von 40 cm. Die Pflanze lässt sich ohne Schwierigkeiten in Form halten. Aus den Triebspitzen kann man gut Stecklinge schneiden, die leicht bewurzeln. Die Eberraute eignet sich sehr gut für Zierrabatten und gibt Kräuterbeeten eine nostalgische Note. In rauen Gegenden benötigt die Pflanze unbedingt einen Winterschutz. Im Frühling schneiden Sie die holzigen Stängel nur wenig zurück, sie treiben wieder neu aus.

Ernte: Man verwendet nur die zarten Triebspitzen. Diese können den ganzen Sommer über gepflückt werden. Im Juli und August hat die Eberraute jedoch den höchsten Wirkstoffgehalt. Dies ist auch die günstigste Zeit, um sie für den Wintervorrat zu ernten.

Verwendung: Die Eberraute besitzt ein erfrischendes, zitronenartiges, leicht bitteres Aroma. Das Kraut gelangte vermutlich im 9. oder 10. Jahrhundert über die Mönche nach Mitteleuropa und gehörte zum Standard in Kloster- und Bauerngärten. Im modernen Garten findet man sie leider selten.

Für einen magenstärkenden und appetitanregenden **Tee** übergießen Sie 1/2 Teelöffel getrocknetes Kraut mit 150 ml heißem Wasser. Lassen Sie den Aufguss abgedeckt 5 bis 10 Minuten ziehen und filtern dann ab. Dieser Tee

wird mehrmals täglich 30 Minuten vor den Mahlzeiten getrunken. Wenn Sie frisches Kraut verwenden, verdoppeln Sie die Menge der Droge. Wie alle Heiltees ist auch dieser nicht für den Dauergebrauch geeignet.

Gute Dienste leistet das stark duftende Kraut weiterhin zur Bekämpfung von Motten und Fliegen. Legen Sie einige Zweige in Ihren Kleiderschrank oder mischen Sie die Eberraute in Duftsäckchen oder Duftpotpourris.

Eberraute passt gut in Kräuterquark, Soßen, Salate oder zu Braten. Verwenden Sie sie sparsam, da sie sehr intensiv schmeckt. Mit Zweigen von Eberraute, Estragon, Melisse und Ysop können Sie auch einen kräftigen Essig herstellen (siehe Seite 53).

Estragon

Artemisia dracunculus – Korbblütler (auch Kleiner Drache, Schlangenkraut, Dragon, Bertram)

Botanisches: Die Heimat dieser 60 bis 120 cm hoch werdenden alten Kulturpflanze ist Mittelasien. Die Stängel der Staude sind buschig verzweigt. Die lanzettlichen Blätter erreichen eine Länge von etwa 10 cm. Von Juli bis September erscheinen an den Stängelspitzen unscheinbare gelbe Blüten. Die kräftigen Wurzeln bilden zahlreiche Ausläufer.

Inhaltsstoffe: Ätherische Öle, Harz, Gerb- und Bitterstoffe

Anbau: Estragon gedeiht am besten an einem sonnigen, warmen Platz, auch Halbschatten toleriert er noch. Der Boden sollte gut durchlässig und humusreich sein. Gleichmäßige Feuchtigkeit im Wurzelbereich ist wichtig, bei zu viel Feuchtigkeit faulen jedoch die

Estragon ist eine angenehm schmeckende Würzpflanze und wirkt krampflösend.

Wurzeln. Düngen Sie mit reichlich Kompost und etwas organischem Dünger. Im Winter benötigt Estragon in rauen Gegenden einen Winterschutz. Im zeitigen Frühjahr werden die Stängel bis zum Boden zurückgeschnitten. Die Pflanze treibt aus dem Wurzelstock wieder aus. Erneuern Sie Ihre Pflanze nach etwa 4 Jahren.
Man unterscheidet den Aromatischen Estragon (auch Französischer oder Deutscher Estragon) und den Russischen Estragon. Der Russische Estragon ist anspruchsloser und wider-

Omas Rezept
Französischer Kräuteressig

- 70 g Estragon
- 25 g Basilikum
- 25 g Lorbeerblätter
- 2 Schalotten
- 1 l feiner Weinessig

Kräuter und geschälte, halbierte Schalotten in ein Gefäß füllen und mit dem Essig übergießen. Das Gefäß verschließen und den Essig etwa 6 Wochen an einem dunklen Ort durchziehen lassen.
Tipp: Dieser »Vinaigre aux fines herbes« ist eine Spezialität der französischen Küche. Ist Ihnen der Aufwand zu groß, so stecken Sie zum Aromatisieren einfach einige Zweiglein Estragon in eine Flasche guten Weinessig.

standsfähiger. Seine Samen reifen selbst bei uns aus. Allerdings besitzt er weniger Würze. Diesen Lichtkeimer bedeckt man beim Aussäen nicht mit Erde. Der Aromatische Estragon ist im Geschmack unvergleichlich, in der Kultur jedoch empfindlich. In unseren Breiten bildet er keine Samen aus. Man vermehrt ihn daher durch Wurzelausläufer.
Ernte: Frische Triebspitzen werden den ganzen Sommer über geerntet. Zum Trocknen schneiden Sie das eben erblühte Kraut, bündeln es zu Sträußen und hängen es kopfüber auf.

Verwendung: Der Estragon gelangte wahrscheinlich erst durch die Kreuzzüge in die Mittelmeerländer. Estragon fördert die Verdauung, ist harntreibend und krampflösend. Der Naturarzt Mességué empfiehlt **Estragontee** gegen Völlegefühl nach einer üppigen Mahlzeit. Pro Tasse benötigen Sie 1 Stängel. Diesen Tee können Sie auch aus getrocknetem Kraut herstellen.

Estragon besitzt einen pikanten, würzig-frischen, leicht bitteren Geschmack. Beim Kochen spart er Salz, Pfeffer und Essig. Verwenden Sie ihn als Würzkraut stets sparsam, da er sonst alle anderen Zutaten übertönt. Estragon passt zu Salaten, Eierspeisen, zartem Fisch und Fleisch, Buttersoßen und Füllungen. Zusammen mit Schnittlauch, Kerbel und Petersilie ist Estragon Bestandteil der »Fines herbes«, einer klassischen französischen Kräutermischung. Estragon wird auch gerne in herb-aromatische Duftpotpourris gemischt.

Fenchel

Foeniculum vulgare – Doldengewächs (auch Frauen-, Süßer oder Römischer Fenchel, Brotsamen, Langer Anis)
Botanisches: Fenchel stammt ursprünglich aus dem Mittelmeerraum und aus Kleinasien. Die ausdauernde, aromatische Pflanze besitzt eine lange, kaum ausrottbare Pfahlwurzel. Dieses mehrjährige Gewürzkraut ist raschwüchsig und erreicht eine Höhe von bis zu 2 m.

Der hohle Stängel trägt fein gefiederte Blätter. Im Sommer erscheinen in flachen Dolden hellgelbe Blüten, aus denen sich im Herbst aromatische Früchte entwickeln. Der Knollen bil-

dende Gemüsefenchel wird als einjährige Pflanze angebaut.
Inhaltsstoffe: Ätherisches Öl mit Anethol und Fenchon, Pinen, Limonen
Anbau: Fenchel benötigt nährstoffreichen, kalkhaltigen, tiefgründigen und feuchten Boden. Die Pflanze braucht viel Sonne und Wärme, damit ihre Samen ausreifen können. Für einen kleinen Garten lohnt die Aussaat kaum, kaufen Sie lieber eine Fenchelstaude in einer Gärtnerei. Ist sie im Garten erst einmal heimisch geworden, sät sie sich selbst aus. Zusätzliches Düngen ist in nährstoffreichem Boden nicht nötig. In kalten Gegenden ist Fenchel dankbar für einen Winterschutz.
Ernte: Die Samen werden im Spätsommer geerntet. Da sie nicht alle zum gleichen Zeitpunkt reifen, pflücken Sie regelmäßig die braunen, reifen Dolden heraus und klopfen diese aus. So fallen die Samenkörner heraus. Diese werden trocken in Schraubgläsern aufbewahrt. Die restlichen Dolden schneiden Sie mit den Stielen ab, binden sie zu Sträußen und hängen sie kopfüber im Haus auf. Hier reifen sie nach. Frische Blätter können Sie laufend abernten.
Verwendung: Fenchel ist eine typische Mittelmeerpflanze. Schon im antiken Griechenland wurde sie sehr geschätzt, die Römer verbreiteten sie schließlich in ganz Europa. Im Mittelalter hängte man Fenchelzweige an die Haustür und steckte sie sogar in die Schlüssellöcher, um Böses und Hexen abzuwehren. Fenchelsamen waren im Hochmittelalter ein beliebter Digestif.

Seit der Antike schätzt man die heilenden Eigenschaften des Fenchel. Das

Fenchel ist ein klassisches Heilkraut gegen Magenbeschwerden.

Omas Rezept
Feines Fenchelmus

- 1 Knollenfenchel
- etwas Fett
- Salz und Pfeffer
- 2 EL Crème fraîche

Die Fenchelknolle halbieren und den Strunk entfernen, dabei das Fenchelgrün zurückbehalten. Den Fenchel in kleine Stücke schneiden und im Fett andünsten. Eine halbe Tasse Wasser zugeben, sodass der Boden leicht bedeckt ist und das Gemüse nicht ansetzt. 10 Minuten köcheln lassen, dann das gehackte Fenchelgrün zugeben und nochmals in 10 Minuten zu Mus zerköcheln lassen. Das Fenchelmus zuletzt mit Salz, Pfeffer und Crème fraîche abschmecken. Es passt hervorragend zu kurz gebratenem Fleisch.

ätherische Öl besitzt krampflösende, blähungstreibende, entzündungshemmende und antibakterielle Eigenschaften. Er fördert auch die Milchbildung in der Stillzeit. Schon immer stand Fenchel im Ruf, die Augen zu »klären« und zu stärken. Dies hat sich in der modernen Medizin bestätigt.

Der Schweizer Kräuterpfarrer Johann Künzle rät bei Erkältungen zu einer **Teemischung** aus Salbei und Fenchelsamen. Für **Fencheltee** übergießen Sie 1 bis 3 Teelöffel zerstoßene Samen mit 1 Tasse heißem Wasser und filtern nach 10 bis 15 Minuten ab. Wer an Husten oder Erkältung leidet, süßt den Tee mit Honig. Ungesüßter Fencheltee vertreibt Blähungen und erleichtert die Verdauung. Säuglinge und Kleinkinder erhalten einen dünneren Tee aus 1/2 Teelöffel und 125 ml Wasser. Die Ziehdauer ist gleich.

Gegen schlechten Atem hilft folgendes **Gurgelwasser**: 1 bis 2 g Fenchelsamen werden mit 100 ml heißem Wasser übergossen und nach 10 bis 15 Minuten abgefiltert. Mit dieser lauwarmen Lösung gurgelt man mehrmals täglich.

Fenchel ist nicht nur Bestandteil vieler Hustenbonbons, er wird auch in der Zuckerbäckerei, Parfümindustrie und bei der Likörherstellung genutzt. Im süddeutschem Raum ist er Bestandteil vieler Brotbackmischungen.

Frische Fenchelblätter verfeinern Fischgerichte, Suppen und Soßen, Tomaten-, Gurken- und Kopfsalat.

Frauenmantel

Alchemilla xanthochlora (vulgaris) – Rosengewächs (auch Liebfrauen- oder Marienmantel, Taubecherl, Taufänger, Tränenschön)

Botanisches: Der Frauenmantel ist in Europa, Asien und Nordamerika zu Hause. Dort kommt er auf Wiesen, Weiden und unter Gebüschen recht häufig vor. Das Kraut wächst horstartig, wird je nach Standort 10 bis 40 cm hoch und blüht mit unscheinbaren gelbgrünen Blüten von Mai bis September. Die sieben- bis neunlappigen Blätter gleichen einem aufgeklappten Fächer. Die Pflanze scheidet in kühlen Nächten aktiv Wasser durch ihre Blattspalten aus (Guttation). Die Wassertröpfchen sammeln sich oftmals in der vertieften Blattmitte.

Inhaltsstoffe: Gerbstoffe, vor allem Ellagitannine, Flavonoide, Bitterstoffe

Anbau: Am besten gedeihen diese hübschen, niedrigen Stauden im lichten Schatten. Sie vertragen aber auch Sonne. Der Boden sollte humusreich,

Aus Frauenmantel lässt sich ein entspannender Badezusatz herstellen.

feucht, aber nicht zu nährstoffreich sein, sonst schießt die Pflanze ins Kraut. Versorgen Sie die Pflanze stets reichlich mit Kompost und mulchen Sie, bis die Blätter den Boden bedeckt haben. Die Zierform *Alchemilla mollis* eignet sich nicht für Heilanwendungen.
Ernte: Während der Blütezeit sammelt man das Kraut, später nur noch die Blätter. Die Ernte wird im Schatten getrocknet und anschließend in geeigneten Behältern aufbewahrt.
Verwendung: Der lateinische Name *Alchemilla* deutet auf die Alchemisten des Mittelalters hin. Sie glaubten, aus den Blattausscheidungen des Frauenmantels Gold herstellen zu können. Auch die volkstümlichen Namen Taubecherl oder Taufänger beziehen sich auf die Guttation. Paracelsus pries die Heilkraft von Frauenmantel bei inneren und äußeren Wunden, Hildegard von Bingen behandelte damit Geschwüre und offene Wunden. In der Frauenheilkunde war Frauenmantel ein beliebtes Mittel bei Menstruationsstörungen, Ausfluss, Unterleibserkrankungen und Beschwerden in den Wechseljahren. Die Pflanze galt auch als stärkendes Mittel bei Geburten.

Frauenmantel wirkt harntreibend, krampfstillend und hilft bei unspezifischen Durchfällen. Bessern sich die Beschwerden allerdings nicht innerhalb von 3 Tagen, sollte ein Arzt aufgesucht werden. Frauenmantel enthält nämlich Tanningerbstoffe, die in seltenen Fällen Leberschäden verursachen können.

Für **Frauenmanteltee** übergießen Sie 2 bis 3 Teelöffel Kraut mit 1 Tasse heißem Wasser und filtern nach 10 Minuten durch ein Teesieb ab. Trinken Sie täglich bis zu 3 Tassen frisch zubereiteten, warmen Tee zwischen den Mahlzeiten.

Für eine Kräuterauflage bei Wunden wird frischer Frauenmantel mit dem Nudelholz zerquetscht und auf die Wunde gelegt. Nach Maria Treben sind Spülungen mit Frauenmanteltee eines der besten Mittel nach dem Ziehen eines Zahnes.

Frauenmantel ist auch ein wohltuender **Badezusatz**. Setzen Sie pro Vollbad 200 g getrockneten Frauenmantel über Nacht in einem Eimer mit 6 bis 8 l kaltem Wasser an. Der Ansatz wird am nächsten Tag erwärmt, dann abgefiltert und ins Badewasser gegeben.

Holunder

Sambucus nigra – Geißblattgewächs (auch Hollerbusch, Schwarzer Flieder)
Botanisches: Ein in ganz Europa vorkommender, Laub abwerfender, bis zu 7 m hoher Strauch mit warziger, rissiger Rinde und gegenständigen, dunkelgrünen Blättern. Aus den im Sommer erscheinenden, cremeweißen, duftenden Blütendolden entwickeln sich im Herbst glänzende, blauschwarze Beeren.
Inhaltsstoffe: In den Blüten Flavonoide, ätherisches Öl, Gerbstoffe, Blausäureglykosid, Phenolcarbonsäuren, Schleim; in den Früchten organische Säuren, Gerbstoffe, Zucker, Anthocyanfarbstoff, Vitamine
Anbau: Holunder wächst in freier Natur an Waldrändern und Hecken auf feuchten, stickstoffreichen Böden. Er ist in allen gemäßigten und subtropischen Zonen heimisch und wird von Förstern häufig als Waldunkraut be-

Holunderblütentee hat einen angenehmen Geschmack und hilft bei Erkältungen.

zeichnet. Die Holundersamen werden von Vögeln sehr stark verbreitet.

Im Garten ist ein sonniger Standort am besten, Holunder verträgt aber auch lichten Schatten. Er toleriert vielerlei Böden, doch ist ein lockerer, nährstoffreicher, gut durchlässiger Boden optimal. Sie können Holunder im Frühjahr aus Samen ziehen. Schnelleren Erfolg haben Sie jedoch mit Schösslingen, die mit eigenen Wurzeln von der Mutterpflanze abgetrennt werden. Auch durch Stecklinge lässt er sich gut vermehren. Schneiden Sie dafür im Frühjahr junge Triebe und lassen Sie diese in sandhaltiger Erde Wurzeln schlagen. Dem Holunder reicht normale Gartenerde völlig aus, nur bei mageren Böden müssen Sie im Frühjahr düngen. Holunder wächst sehr rasch. Im Herbst oder zeitigen Frühjahr verträgt er einen kräftigen Rückschnitt, da er an den einjährigen Trieben am besten trägt.

Ernte: Die Sammelzeit der Blüten reicht von Juni bis Juli. Man schneidet die ganzen Blütendolden am späten Vormittag ab und breitet sie zum Trocknen auf einem Tuch aus. Die Blüten müssen geöffnet sein. Nach dem Trocknen werden sie von den Blütenständen gestreift und in luftdichten Behältern aufbewahrt.

Die Beeren sammelt man im September und Oktober. Ernten Sie nur ausgereifte, blauschwarze Beeren, die grünen sind giftig. Auch sollten die Beeren nie roh verspeist werden, da sie ein schwach giftiges Blausäureglykosid enthalten.

Verwendung: Der Holunder hat den Menschen als Heilpflanze durch viele Epochen begleitet. Ausgrabungsfunde belegen, dass er schon in der Steinzeit bekannt war. Die Herkunft des deutschen Namens ist umstritten. Angeblich geht er auf Frau Holle zurück. Nach germanischem Glauben wohnte die das Haus beschützende Göttin Holle nämlich im Holunderbusch. Diese Pflanze war den Germanen daher heilig.

Die mittelalterlichen Kräuterbücher loben Holunder als Universalheilmittel. Zu dieser Zeit galt es als Frevel, einen Holunderbaum zu fällen. Man glaubte, der Frevler würde viel Unglück erleiden oder binnen drei Tagen sterben. Blüten, Blätter und Rinde der Pflanze dienten als Heilmittel. Einer alten Bauernregel zufolge soll man vor Holunder den Hut ziehen. Der Ausspruch gründete sich auf die langen und guten Erfahrungen mit dieser Pflanze.

Deshalb ist er auch von alters her in der Nähe menschlicher Siedlungen anzutreffen.

Auch heute leistet uns der Holunder gute Dienste. So wirken Holunderblüten bei gleichzeitiger Bettruhe schweißtreibend, auswurffördernd und steigern die Abwehrkräfte. Bei beginnender Grippe und Erkältungskrankheiten hat sich dieses natürliche Heilmittel bestens bewährt. Für einen **Tee** übergießen Sie 2 Teelöffel getrocknete Holunderblüten mit 1 Tasse siedendem Wasser, lassen abgedeckt 5 bis 10 Minuten ziehen und filtern dann durch ein Teesieb ab. Soweit nicht anders verordnet, trinken Sie mehrmals täglich – besonders in der zweiten Tageshälfte – 1 bis 2 Tassen frischen Teeaufguss so heiß wie möglich. Der Tee kann mit Honig gesüßt werden. Wenn Sie ihn mit Lindenblüten mischen, steigert dies die Abwehrkräfte noch. Holunderblütentee ist auch ein wirksames Mittel gegen chronischen Husten, Atemwegserkrankungen, Fieber und Halsschmerzen. Zudem wirkt er mild abführend.

Holunderbeeren werden vor allem gegen Husten und Bronchitis eingesetzt. Presssaft daraus aktiviert mit seinem hohen Vitamin-C-Gehalt die körpereigenen Abwehrkräfte.

Gegen überanstrengte und geschwollene Füße hilft folgendes **Fußbad**: Kochen Sie 1 l Wasser mit 5 frischen Holunderblütendolden und 1 Hand voll frischen Pfefferminzblättern auf. Den abgekühlten Ansatz geben Sie anschließend in ein lauwarmes Fußbad. Die erfrischende und belebende Wirkung werden Sie bald spüren.

Omas Rezept
Holunderblütensekt

- *16 frische Holunderblütendolden*
- *8 l Wasser*
- *1 kg feiner Zucker*
- *250 ml Weißweinessig*
- *2 unbehandelte Zitronen, in Scheiben*

Die Holunderblüten mit dem Wasser übergießen. Dann Zucker, Essig und Zitronenscheiben zufügen. Den Ansatz 1 bis 2 Tage kühl stellen. Dabei gelegentlich umrühren, damit sich der Zucker löst. Durch ein Tuch abfiltern. Das Holunderblütenwasser in sterilisierte Flaschen füllen. Diese dürfen jedoch nicht ganz gefüllt werden, da die Flüssigkeit noch gärt.
Die Flaschen mit Mull oder Gaze abdecken und nochmals 8 Tage an einen warmen und hellen Ort stellen.
Die Flaschen zuletzt verkorken und mit Paraffin oder Siegellack luftdicht verschließen. Die Flaschen im Keller oder in einem kühlen Raum – am besten liegend – aufbewahren.
Tipp: Achten Sie unbedingt darauf, dass die Flaschen nicht bis zum Rand gefüllt sind. Sie platzen sonst leicht.

In der Küche bereitet man aus frischen Holunderblüten Sekt, Sirup, Marmelade oder Gelee zu. Die Blütendolden werden in Pfannkuchenteig getaucht und in heißem Fett ausgebacken. Mit Zimt und Puderzucker bestreut ist dies ein feines Dessert.

Auch die Beeren ergeben köstliche Marmeladen und Gelees, aus ihrem Saft keltert man Beerenwein und Likör.

Kamille

Matricaria recutita (Matricaria chamomilla) – Korbblütler (auch Äpfelblümle, Hermelin, Feld-, Korn- oder Echte Kamille, Mutter- oder Drudenkraut)

Botanisches: Die Kamille stammt ursprünglich aus Süd- und Osteuropa und aus Vorderasien. Heute wächst sie fast weltweit wild am Rand von Feldwegen, Getreidefeldern und Halden. Das 20 bis 40 cm hohe, einjährige Kraut mit zart gefiederten Blättern trägt gelbe Röhrenblüten. Sie sind von einem einfachen Kranz aus weißen Strahlenblüten umgeben. Ein wichtiges Erkennungszeichen der Echten Kamille ist der kegelförmig in die Höhe gewölbte Blütenboden bei älteren Blüten. Dieser ist außerdem hohl, was man sieht, wenn man die Blüten aufbricht. Beim Zerreiben der Pflanze zwischen den Fingern duftet sie angenehm aromatisch.

Inhaltsstoffe: Ätherisches Öl mit Chamazulen, Bisabolol, Enolätherpolyin, Flavonide, Cumarine

Anbau: Die Kamille liebt humusreiche, leicht lehmige Erde. Ansonsten ist die Pflanze ziemlich anspruchslos, sie gedeiht auf mageren Böden ebenso wie in guter Gartenerde. Sie verlangt lediglich einen sonnigen Standort. Säen Sie die Samen im April in Reihen mit 30 bis 40 cm Abstand oder breitwürfig aus. Das Beet sollte mit reichlich Kompost vorbereitet sein. Die Pflanzen werden später mit mindestens 20 cm Abstand ausgelichtet, damit sie sich gut verzweigen können.

Ernte: Die Blütenknospen sammelt man von Mai bis August und breitet sie zum Trocknen im Schatten aus. Frisch gepflücktes Kraut übertrifft die getrocknete Droge im Aroma um ein Vielfaches.

Verwendung: Die Kamille zählt zu den klassischen Heilpflanzen. Sie wurde bereits im Altertum arzneilich hoch geschätzt. Die Kamille wuchs früher in jedem Klostergarten. An ihren Anwendungsgebieten hat sich bis heute nichts geändert.

Das ätherische Öl der Kamille ist bekannt für seine entzündungshemmende, krampflösende und beruhigende Wirkung.

Bei Magen- und Darmbeschwerden beruhigt ein **Tee aus Kamillenblüten**

Jeder kennt Kamillenblüten als gut wirksamen Entzündungshemmer.

die entzündete Magenschleimhaut. Übergießen Sie dafür 1 Esslöffel getrocknete Kamillenblüten mit 1 Tasse heißem Wasser, lassen abgedeckt 5 bis 10 Minuten ziehen und filtern dann durch ein Teesieb ab. Trinken Sie drei- bis viermal täglich 1 Tasse warmen Tee zwischen den Mahlzeiten. Bei Entzündungen der Mund- und Rachenschleimhaut gurgeln oder spülen Sie mehrmals täglich mit einem frisch zubereiteten Teeaufguss.

Bei Reizungen der oberen Atemwege, einer starken Erkältung oder einer entzündeten Nase lindert das Einatmen von Kamillendämpfen die Beschwerden. Bereiten Sie aus 1 bis 2 Esslöffeln Kamillenblüten in einer Schüssel einen **Aufguss**. Atmen Sie dann die heißen Dämpfe ein. Breiten Sie dabei ein Handtuch über Ihren Kopf und die Schüssel. So können Wärme und wirksame Dämpfe nicht entweichen.

Bei Geschwüren der Haut, Neurodermitis, Sonnenbrand und Verletzungen, zur Unterstützung der Wundheilung, bei Menstruationsbeschwerden und Kopfschmerzen verschaffen warme Umschläge, Dampfbäder oder Kamillenöl, auf Wundränder oder Bauch gerieben, Linderung. Um **Kamillenöl** herzustellen, füllen Sie ein Fläschchen locker bis zum Hals mit frischen, in der Mittagssonne gepflückten Kamillenblüten. Übergießen Sie diese jetzt mit kaltgepresstem Olivenöl und lassen Sie die Flasche 14 Tage gut verschlossen in der Sonne durchziehen. Anschließend wird das Öl abgefiltert und im Kühlschrank aufbewahrt.

Zum Schluss noch ein Tipp für die Schönheit: Eine Spülung mit Kamillenblüten macht blondes Haar duftiger und glänzender.

Kapuzinerkresse

Tropaeolum majus – Kapuzinerkressengewächs (auch Liebes- oder Salatblume, Blutrote Blume aus Peru)

Botanisches: Die Heimat der bis zu 5 m weit kriechenden oder kletternden Pflanze reicht von Peru bis Kolumbien. Die hell- bis blaugrünen Blätter wachsen schildförmig, ihre Oberfläche ist leicht wachsartig, ihre dünnen Stiele brechen schnell. Die trichterförmigen, gespornten und süßlich duftenden Blüten erscheinen von Juni bis September. Ihre Färbung reicht von gelb bis dunkelrot.

Man kennt verschiedene Sorten: Solche mit langen Ranken, in runden kriechenden Büschen und mit gefüllten Blüten.

Inhaltsstoffe: Senfölglykosid Glucotropaeolin, Vitamin C

Anbau: Die in unseren Breiten fast immer einjährige Pflanze bevorzugt volle Sonne, gedeiht aber auch im Halbschatten. Dort bildet sie jedoch weniger Blüten. Der Boden sollte gut durchlässig und humos mit etwas Lehmanteil sein. Ist er zu nährstoffreich, wachsen mehr Blätter als Blüten. Die Kapuzinerkresse ist sehr frostempfindlich und wird daher erst nach den

Kapuzinerkresse kann in der Küche vielseitig eingesetzt werden.

Eisheiligen ausgesät. Stecken Sie die Samen im Abstand von 10 cm etwa 2 cm tief in die Erde. Alternativ können Sie auch drei Körner auf einmal in die Erde geben und einen Abstand von 20 cm nach allen Seiten einhalten. Die Pflanzen lassen sich auf der Fensterbank, im Frühbeet oder im Gewächshaus vorziehen. Mitte Mai werden sie dann ausgepflanzt. So blühen sie früher. Die Kapuzinerkresse gedeiht auch in Balkonkästen, Pflanztrögen oder als Unterpflanzung von Kübelpflanzen sehr gut. Als Unterpflanzung sollten Sie aber keine rankende Sorte wählen.

Ernte: Blätter, Knospen und Blüten werden den ganzen Sommer über bei Bedarf frisch gepflückt und gleich weiterverarbeitet.

Verwendung: Die »Blutrote Blume aus Peru« wurde erst im 17. Jahrhundert in Europa eingeführt. Angeblich ist sie ein anregendes Liebesmittel. Vielleicht beruht dies auf dem allgemein kräftigenden Effekt, den die Pflanze auf unseren Organismus ausübt. Ferner besitzt sie antibiotische Wirkung, steigert den Appetit und führt leicht ab. Man setzt sie auch zur unterstützenden Behandlung von Harnwegsinfektionen und Katarrhen der Atemwege ein. Ihre heilende Wirkung ist wissenschaftlich anerkannt.

In der Küche kennt man zahllose Verwendungsmöglickeiten: So nutzt man die Knospen der Kapuzinerkresse als **Kapernersatz**. Dafür pflücken Sie die noch geschlossenen Blütenknospen kurz bevor sie aufspringen ab und legen diese 1 Tag in den Schatten. Sobald sie leicht angewelkt sind, legen Sie die Knospen in Essig ein. Die gesamte Pflanze besitzt ein leicht scharfes, pfefferartiges, kresseähnliches Aroma. Klein geschnittene Blätter streut man in Suppen, Quarkmischungen oder aufs Butterbrot, füllt sie als Röllchen mit Reis und Hackfleisch oder mischt sie unter grüne Salate. Aus ganzen Blättern können Sie einen Salat zubereiten. Die schönen Blüten schmecken ebenfalls hervorragend. Verwenden Sie diese für Sommergetränke, Bowlen oder Dekorationen. Ein mit Kapuzinerblüten verzierter Grillteller ist ein wahrer Augenschmaus.

Auch im Garten erfüllt die Kapuzinerkresse viele Aufgaben. Sehr hilfreich ist es, wenn Sie sie auf die Baumscheiben um Ihre Obstbäume herum pflanzen. Blattläuse nämlich lieben die Kapuzinerkresse und siedeln sich dort an anstatt die Bäume zu befallen. Aus diesem Grund wird auch häufig empfohlen, sie zwischen Gemüse oder an den Rand von Blumenbeeten zu pflanzen.

Kerbel

Anthriscus cerefolium – Doldengewächs (auch Gartenkerbel, Suppen- oder Küchenkraut)

Botanisches: Der Kerbel stammt aus Südosteuropa und Westasien. Die 30 bis 60 cm hohe Pflanze besitzt weiche, hellgrüne Blätter, die zwei- bis vierfach gefiedert sind. Die winzigen, weißen Blüten erscheinen von Mai bis August in Dolden.

Inhaltsstoffe: Ätherisches Öl, Flavonglykosid, Bitterstoff

Anbau: Der einjährige Kerbel benötigt einen feuchten, nahrhaften und lockeren Boden im Halbschatten. Da Kerbel nicht frostempfindlich ist, können Sie ihn schon Anfang März aussäen. Die Aussaat sollte an Ort und Stelle erfolgen, ein Umsetzen verträgt er nicht gut. Säen Sie ihn dünn in Reihen mit einem Abstand von 10 cm aus. Kerbel stellt keine besonderen Ansprüche und ist nach 6 bis 8 Wochen erntereif. Sie verlängern die Erntezeit, wenn Sie alle 3 Wochen nachsäen. Gelangt Kerbel zur Fruchtreife, sät er sich selbst aus.

Kerbel ist ein köstliches Würzkraut.

Der weniger aromatische Wiesenkerbel (*Anthriscus sylvestris*) sollte nur von Kennern gepflückt werden, da es schon zu Verwechslungen mit der giftigen Hundspetersilie (*Aethusa cynapium*) kam. Diese riecht jedoch beim Zerreiben unangenehm.
Ernte: Die Blätter erntet man kurz vor der Blüte. Beim Trocknen verliert Kerbel sein Aroma, doch lässt er sich gut einfrieren.
Verwendung: Welche Wertschätzung diese Würz- und Heilpflanze einst genoss, zeigt sich in der Aufnahme in die Landgüterverordnung »Capitulare de villis« von Karl dem Großen (siehe Seite 7). In der Volksheilkunde wird Kerbel für entschlackende und blutreinigende Frühjahrskuren benutzt. Ferner wird er bei Bronchitis, Quetschungen und Augenentzündungen eingesetzt.

Kerbel besitzt einen feinen, würzigen, leicht an Anis erinnernden Geschmack. In der französischen Küche gehört er zu den »Fines herbes« (siehe Seite 82). Kombinieren Sie Kerbel nur sparsam mit Zitronensaft, da er selbst schon leicht säuerlich schmeckt. Auch sollten Sie ihn erst kurz vor Ende der Garzeit zu den Gerichten geben, da diese sonst bitter schmecken.

Mit Kerbel aromatisiert man Suppen, Soßen, Salate, gekochten Fisch, Geflügelgerichte, Kalb- und Lammfleisch. Weiterhin passt er gut in Omelettes und Kräuterbutter.

Knoblauch

Allium sativum – Lauchgewächs
(auch Knofel, Alterswurzel, Gruserich, Lauchkraut)

Botanisches: Die ursprüngliche Heimat des Knoblauchs ist Zentralasien. Er besitzt eine Hauptzwiebel, umgeben von länglichen Nebenzwiebeln (Zehen). Sie sind mit einer papierartigen Haut umgeben. Je nach Herkunft können sie weiß, rosa oder violett gefärbt sein. Die 20 bis 70 cm hohen Stängel sind bis zur Mitte mit gekielten, am Rande rauen Blättern besetzt. Der kugelig-runde Blütenstand erscheint von Juni bis August und wird von einem lang geschnäbelten Hüllblatt umschlossen. Die meist sterilen Blüten sitzen zwischen 20 bis 25 eiförmigen Brutzwiebeln.
Inhaltsstoffe: Alliin, schwefelhaltige Peptide, Flavonoide, Vitamine, ätherisches Öl
Anbau: Knoblauch braucht einen gut durchlässigen, warmen, sandigen oder lehmigen Boden in voller Sonne. Auf sauren Böden sollten Sie Steinmehl oder Algenkalk ausbringen. Als Dünger eignet sich Kompost. Stickstoffdünger beeinträchtigt die Lagerungsfähigkeit der Zwiebeln.

Gepflanzt wird im März oder April, in wärmeren Gegenden gelingt auch eine Herbstpflanzung im Oktober. Die Frühjahrspflanzung können Sie im August ernten, die Herbstpflanzung wird im folgenden Frühjahr reif. Zerlegen Sie eine Knoblauchzwiebel (vom Gärtner, nicht aus dem Supermarkt, da diese aus anderen klimatischen Verhältnissen kommen) in einzelne Zehen und stecken Sie diese im Abstand von 15 cm etwa 5 cm tief in den Boden. Der Reihenabstand sollte 20 cm betragen.

Botanisch gesehen gehört Knoblauch zwar zu den mehrjährigen Pflanzen, wird bei uns aber nur ein- oder zweijährig angebaut. Knoblauch müssen Sie selbst im Sommer nicht gießen. Er hält Wühlmäuse fern und wirkt gegen Pilzkrankheiten, zum Beispiel bei Erdbeeren. Er soll auch gegen Blattläuse an Rosen helfen. Stecken Sie also ruhig ein paar Zehen in Ihr Rosenbeet.

Seit einigen Jahren bietet der Handel Schnittknoblauch (*Allium tuberosum*) an. Von ihm sind hauptsächlich die Halme für den Verzehr bestimmt. Die Aussaat ist unproblematisch, doch sollte sie in Saatkisten erfolgen, da man die grasähnlichen Keimblätter leicht mit Gräsern verwechselt.

Ernte: Sobald die Blätter sich gelb färben, gräbt man die Knoblauchknollen vorsichtig aus und trocknet sie an der Luft. Die verbliebenen Halme werden anschließend zu Zöpfen für die Aufbewahrung geflochten.

Verwendung: Knoblauch wird seit Jahrtausenden kultiviert. Diese Pflanze ist Gewürz und Heilmittel zugleich. Erste Hinweise reichen bis in die Steinzeit. Das älteste noch existierende Knoblauchrezept wurde etwa 3000 v. Chr. in Keilschrift aufgezeichnet. Altägyptische Papyrusrollen von 1600 v. Chr. berichten von einem Arbeiterstreik beim Pyramidenbau, weil nicht genügend Knoblauch und Zwiebeln zur Verfügung standen. Bei Römern und Griechen gehörte die Knolle zur täglichen Kost der Soldaten. Man war überzeugt, dass sie die körperliche Kraft stärkte und die kämpferische Leistungsfähigkeit erhöhte.

Der Volksglaube schrieb dem Knoblauch die Fähigkeiten zu, vor dem bösen Blick zu schützen und Vampire abzuhalten. Eine aufgehängte Zehe verfärbt sich mit der Zeit schwarz. Dies wertete man als Zeichen dafür, das sie das Böse angezogen hatte. Während der Pestepidemien trugen die Ärzte mit Knoblauch getränkte Atemmasken, um sich vor einer Ansteckung zu schützen.

Selbst geerntete Knoblauchknollen.

An Knoblauch scheiden sich die Geister. So gibt es absolute Liebhaber der Knolle wie auch entschiedene Gegner. Erwiesen ist aber, dass in Regionen mit hohem Knoblauchkonsum weniger Zivilisationskrankheiten auftreten. Die moderne Medizin konnte nachweisen, dass Knoblauch den Blutdruck senkt, sich günstig auf den Cholesterinspiegel auswirkt und die Gerinnung der Blutplättchen verhindert. Die positiven Eigenschaften des Knoblauchs sind mannigfaltig: Er wirkt wurm- und harntreibend, stärkend, abführend, antiseptisch, antibakteriell, lösend, auswurffördernd und fiebersenkend. Aufgrund seines Schwefelgehaltes ist er ein gutes Lungenantiseptikum. Kurz gesagt: Er steigert die

Ein Tee aus den attraktiven Blüten der Königskerze hilft gegen Husten.

Widerstandskraft, erhöht die Leistungsfähigkeit und fördert das Wohlbefinden.

Gegen Mundgeruch nach Knoblauchgenuss kauen Sie einfach einige Zweiglein Petersilie oder Pfefferminze. Oder Sie essen Knoblauch erst abends. Die außerordentlich gute Aufnahme seiner Inhaltsstoffe in die einzelnen Körperteile merkt man daran, dass man Knoblauch aus jeder Pore des Körpers riecht. Inzwischen bietet auch der Handel zahlreiche gebrauchsfertige Knoblauchpräparate an.

Die südeuropäischen Nationalküchen greifen weitaus häufiger zu dieser Knolle als die nordeuropäischen. Knoblauch kann roh oder gekocht verwendet werden, da selbst ein längerer Garprozess seine Inhaltsstoffe nicht zerstört. Er passt gut zu Salaten, Suppen, Soßen, Fleisch, Fisch und Gemüsegerichten. Kräuteressig verleiht er eine markante Note.

Großblütige Königskerze

Verbascum densiflorum – Rachenblütler (auch Gold- oder Wollblume, Marienkerze)

Botanisches: Die in weiten Teilen Europas und Asiens heimische Königskerze wächst auf Schuttplätzen, an Wegrändern, Bahndämmen oder auf Kahlschlägen. Die zweijährige, filzig behaarte und 80 bis 100 cm hohe Pflanze besitzt einen sehr geraden, aufrechten Stängel. Ihre gelbgrünen Blätter laufen am Stängel flügelartig bis zum nächsten Blatt herab. Die hellgelben, 3,5 bis 4 cm breiten Blüten stehen in dichten, drüsig behaarten Trauben und erscheinen von Juli bis September.

Inhaltsstoffe: Schleimstoffe, saures Saponin, ätherisches Öl, Flavonoide, Iridoide

Anbau: Die Königskerze verlangt im Garten gleiche Bedingungen wie in freier Natur. So sollte der Standort sonnig sein, der Boden sandig. Lehmige, humusreiche Erde mischen Sie mit Sand und einigen Steinen. Ins Pflanzloch geben Sie Kompost und etwas organischen Vorratsdünger. Vor einer warmen Mauer fühlt sich die Pflanze besonders wohl. Sind die Königskerzen im Garten erst einmal heimisch geworden, samen sie sich selbst aus. Die Aussaat der Königskerzen erfolgt im Juni oder Juli auf ein kleines Saatbeet oder ins Frühbeet. Die Pflanzen brauchen während der Keimung

und der Wachstumszeit gleichmäßige Feuchtigkeit. Im Herbst oder im folgenden Frühjahr werden sie dann an ihren endgültigen Platz verpflanzt. Wegen Ihrer ausladenden Blätter benötigen die Pflanzen einen Abstand von mindestens 40 bis 50 cm.
Ernte: Die empfindlichen Blüten werden von Juli bis September um die Mittagszeit vorsichtig gepflückt. Man verwendet nur die gelben Teile, nicht die grünen Kelchblätter. Die Blüten werden in einer dünnen Schicht ausgebreitet und möglichst rasch an einem schattigen Ort getrocknet. Da getrocknete Königskerzen stark Wasser anziehen, müssen sie in gut verschlossenen Gefäßen aufbewahrt werden. Es empfiehlt sich, die Vorräte von Zeit zu Zeit kontrollieren, um bei Bedarf nachzutrocknen.
Verwendung: Die Königskerze ist eine stattliche, attraktive Zierpflanze. Daher ist es auch nicht verwunderlich, dass sich der Mensch schon früh mit ihr beschäftigte. Man schätzte aber nicht nur ihr Aussehen, sondern besonders ihre heilkräftige Wirkung. Aufgrund ihres hohen Schleimgehalts eignet sie sich zur Behandlung von Erkrankungen der oberen Luftwege. Die enthaltenen Saponine verflüssigen den in den Bronchien sitzenden Schleim, dieser kann dann leichter abgehustet werden.

Bei Erkältungen, hartnäckiger Bronchitis oder starkem Hustenreiz hilft ein **Tee aus Königskerzen**. Übergießen Sie dafür 2 Esslöffel getrocknete Blüten mit 1 Tasse kochendem Wasser und filtern nach 10 bis 15 Minuten durch ein Sieb ab. Empfindliche Menschen sollten ihn durch ein Tuch abgießen, da die feinen Härchen unter Umständen Reizungen verursachen. Trinken Sie über den Tag verteilt 2 Tassen Tee, für Kinder genügt 1 Tasse. Der Tee wird mit Honig oder Zucker gesüßt. Sie können die Königskerzenblüten auch mit anderen Hustenkräutern – Huflattich, Malven, Spitzwegerich oder Veilchenwurzel – mischen.

Die Volksmedizin setzte die Droge auch bei Durchfall, Quetschungen und Zahnschmerzen ein. Weiterhin bereitete man daraus erweichende Umschläge für schlecht heilenden Wunden und nutzte sie als Gurgelmittel. Die Königskerze besitzt auch harntreibende Eigenschaften. In der Homöopathie ist sie ein Heilmittel bei Husten und Neuralgien.

Kresse

Lepidium sativum – Kreuzblütler (auch Gartenkresse, Pfefferkraut)
Botanisches: Die eigentliche Heimat der Kresse reicht von Südwestasien bis Nordostafrika. Heute ist sie jedoch in fast allen Erdteilen verbreitet. Die Grundblätter sind klein und eiförmig, die oberen Blätter verschiedenartig gefiedert. Die kleinen Blüten sind weiß bis rötlich. Aus ihnen entwickeln sich etwa 5 mm lange Früchte. Man kennt zwei Kulturformen: die einfache glattblättrige und die gefüllte krausblättrige Kresse.
Inhaltsstoffe: Vitamine (besonders Vitamin C), Mineralstoffe, ätherisches Senföl, Bitterstoff Leptin, Jod
Anbau: Die Kresse gehört zu unseren frühesten Gartenkräutern. Sie ist recht anspruchslos und verträgt auch Halbschatten. Sie können sie im März in Reihen mit 10 cm Anstand aussäen.

Kresse ist ein wertvoller Vitaminspender und lässt sich einfach auf der Fensterbank ziehen.

Sie eignet sich auch gut als Zwischensaat bei Radieschen oder als Markierungssaat. Dieser Lichtkeimer keimt innerhalb weniger Tage, auch die kleinen Pflänzchen wachsen schnell.
Kresse benötigt keine Düngung, da sie schon nach 14 Tagen erntereif ist. Sie gedeiht auch in Schalen, Kästen, ja sogar flachen Tellern auf dem Balkon oder im Zimmer. Den Vitamin-C-Bedarf im Winter können Sie mit in einem Tongefäß gezogener Kresse decken. Gartencenter und Haushaltswarengeschäfte führen spezielle Tontiere für die Kressezucht. Empfehlenswert ist ein Kresseigel. Er bietet genügend Platz für eine große Anzahl von Samen. Nach der Aussaat benötigen die Samen immer genügend Feuchtigkeit, sonst keimen sie nicht. Reinigen Sie das Gefäß mit Essig, wenn eine Pilzkrankheit aufgetreten ist. Eine Aussaat auf Watte, Löschpapier oder Küchenkrepp empfiehlt sich nicht, da sich hier Bakterien ansiedeln können.
Ernte: Verwenden Sie Kresse immer frisch. Getrocknet verliert sie ihr pfeffriges und frisches Aroma.
Verwendung: Kresse wurde schon im Altertum kultiviert, wie Samenfunde aus der Pharaonenzeit belegen. Im Mittelalter benutzte man sie als inner-

lich reinigendes Heilmittel. Kresse regt den Appetit an, ist harntreibend und blutreinigend. Deshalb eignet sie sich besonders für Frühjahrskuren.

Das Würz- oder Salatkraut passt gut zu Suppen, Soßen, Salaten, Frischkäsezubereitungen, Quark, Eiern oder aufs Butterbrot.

Liebstöckel

Levisticum officinale – Doldengewächs (auch Bade- oder Maggikraut, Suppenlob)

Botanisches: Die bis zu 2 m hohe, kräftige Staude stammt aus Südwestasien. Sie besitzt zwei- bis dreifach gefiederte, gelbgrüne Blätter. Im Sommer erscheinen blassgelbe Doldenblüten. Der hohle Stängel erinnert in Aussehen und Geschmack an Sellerie, die lange Pfahlwurzel ähnelt einer Möhre. Wie bei allen Stauden zieht der oberirdische Teil im Winter ein.

Inhaltsstoffe: Ätherisches Öl, Harze, Bitterstoffe, Säuren

Anbau: Die stattliche Pflanze braucht viel Platz, einen lockeren, tiefgründigen, nährstoffreichen Boden und gleichmäßige Feuchtigkeit. Der Standort kann sonnig sein, im Halbschatten fühlt sie sich jedoch wohler. Geben Sie dem Liebstöckel ausreichend Kompost und organischen Dünger, besonders beim Einpflanzen. Die Stauden können 10 bis 15 Jahre alt werden. Ein bis zwei Pflanzen decken den Bedarf einer Familie. Daher empfiehlt es sich, gleich Jungpflanzen zu kaufen. Wer selbst aussäen möchte, tut dies in den Monaten März oder August. Die meisten Doldenblütler besitzen nur eine kurze Keimfähigkeit. Achten Sie daher auf absolut frisches Saatgut. Das Ausbrechen der Blütentriebe bewirkt eine stärkere Blattentwicklung.

Ernte: Frische Liebstöckelblätter werden laufend geerntet. Sie lassen sich problemlos einfrieren. Sie können die Blätter auch trocknen, dann verlieren Sie aber einen Teil ihres Aromas.

Verwendung: Diese seit mehr als 1000 Jahren in Kloster- und Bauerngärten wie auch landwirtschaftlich angebaute Pflanze ist bei uns erstaunlicherweise nie verwildert. Sie gelangte

Liebstöckel hat ein kräftiges Maggiaroma.

mit den Benediktinermönchen zu uns. Karl der Große ließ sie in seine »Capitulare de villis« (siehe Seite 7) aufnehmen. Liebstöckel wurde früher auch als Aphrodisiakum genutzt. Trug man einen Bund bei sich, flog einem angeblich die Zuneigung der Mitmenschen zu. Alte Medizin- und Kräuterbücher belegen, dass Liebstöckel sehr beliebt war und vielseitig Verwendung fand.

Die Volksheilkunde kennt **Tee** aus der Wurzel, der wassertreibend, appetitanregend und verdauungsfördernd ist. Auch bei Rheuma, Gicht sowie Blasen- und Nierenleiden wird er eingesetzt. Vielleicht sind deshalb Wurzelextrakte Bestandteil vieler Magenschnäpse und Kräuterliköre.

Liebstöckel schmeckt nach Sellerie und Suppenwürze. Doch ist er kein Inhaltsstoff des seit über 100 Jahren hergestellten Würzextraktes, wie sein volkstümlicher Name Maggikraut vermuten lässt. In der Küche werden Liebstöckelblätter frisch oder getrocknet verwendet. Getrocknetes Kraut kocht man am besten mit. Ein frisches, klein geschnittenes Blättchen verleiht grünem Salat die richtige Würze. Liebstöckel ist sehr dominant und sollte sparsam eingesetzt werden. Er harmoniert gut mit Petersilie, Sellerie und Majoran und passt zu deftigen Suppen, Eintöpfen, Soßen, Kartoffeln, Rind- und Schweinefleisch.

Linde

Tilia cordata (Winterlinde), *Tilia platypyllos* (Sommerlinde) – Lindengewächs (auch Linda)

Botanisches: Dieser sommergrüne, bis zu 40 m hohe Baum mit herzförmigen Blättern wird in Europa häufig gepflanzt. Die Blätter der Sommerlinde sind auf Ober- und Unterseite grün, in den Nervenwinkeln weißhaarig. Zur Blütezeit im Juni hängen je zwei bis fünf hellgelbe Blüten in einem doldigen Blütenstand. Die Blätter der Winterlinde sind grün mit rotbraun behaarten Nervenwinkeln. Bei ihr erscheinen im Juni und Juli fünf bis elf grüngelbe Blüten je Blütenstand.

Inhaltsstoffe: Flavonoide, Gerb- und Schleimstoffe, ätherisches Öl mit Farnesol

Anbau: Aufgrund ihrer Höhe empfiehlt sich die Linde nur für große Gärten. Die Bäume brauchen einen tiefgründigen, lockeren, nährstoffreichen Lehmboden. Die Sommerlinde gilt als klassische Dorflinde. Sie verträgt Luftverunreinigungen verhältnismäßig schlecht, die Winterlinde ist etwas robuster.

Ernte: Man pflückt die Blüten 1 bis 4 Tage nach dem Aufblühen mit dem Hochblatt und trocknet sie rasch im Schatten.

Verwendung: Schon vor Urzeiten wählten die Menschen Linden als Dorfmittelpunkt. Ob Gerichtsverhandlungen oder Feste, unter Linden fanden viele Veranstaltungen statt. Hier trafen sich Verliebte und auch Walther von der Vogelweide bereitete sein berühmtes Liebeslager aus Heidekraut und Rosen unter einer Linde. Die meisten Lindengeschichten sind zugleich auch Liebesgeschichten, denn die Linde ist der Baum der Liebe. Das Lindenblatt gilt als Symbol für Frieden, Treue und Gerechtigkeit. Viele Flur- und Städtebezeichnungen tragen die Linde in ihrem Namen. Linden werden bis zu 2000 Jahre alt. Ihr Bast und ihr

Lindenblütentee ist ein bewährtes Mittel bei Fieber und Erkältungskrankheiten.

Holz sind besonders biegsam. Holzschnitzer verwenden daher gerne Lindenholz für ihre Arbeiten. Den größten Nutzen aber haben die Bienen, denn Linden sind mit ihren nahezu 60 000 duftenden Blüten eine wahre Bienenweide.

Die Heilwirkung von Lindenblüten wurde erst im 17. Jahrhundert bekannt. Davor setzte man nur Lindenkohle zur Behandlung von Magen- und Darminfektionen ein. **Lindenblütentee** besitzt eine schweißtreibende Wirkung. Er empfiehlt sich deshalb besonders bei beginnender Grippe, Schnupfen, Husten, Bronchitis oder Erkältung. Trinken Sie den Tee schluckweise und so heiß wie möglich. Legen Sie sich dazu warm eingepackt ins Bett. Auch wer nicht schwitzt, profitiert so von der Abwehrsteigerung des Tees. Bei trockenem Reizhusten er-

Majoran wirkt appetitanregend und verdauungsfördernd.

leichtert er das Abhusten. Der Tee schmeckt frisch und aromatisch und wird auch von Kindern gerne getrunken. Sie können ihn mit Honig oder Zucker süßen. Bei der Teezubereitung übergießen Sie 3 Esslöffel Lindenblüten mit 500 ml kochendem Wasser und lassen den Tee abgedeckt etwa 10 Minuten ziehen. Dananch filtern Sie ab. Sehr schweißtreibend ist auch eine Teemischung aus je 1 Esslöffel Linden-, Holunder- und Kamillenblüten.

Wer unter Erschöpfungszuständen leidet, wird sich nach einem **Bad in Lindenblüten** erfrischt und gestärkt fühlen. Dafür lassen Sie 250 g getrocknete Blüten in 5 l Wasser 30 bis 35 Minuten leicht köcheln, filtern dann ab und gießen den Ansatz ins Badewasser. Bleiben Sie mindestens 10 bis 20 Minuten in dem duftenden Bad.

Selbst gemachte **Lindenlotion** klärt fettige, unreine Haut. Lassen Sie 50 g getrocknete Lindenblüten 30 Minuten in 1 l warmem Wasser ziehen und filtern dann ab. Betupfen Sie Ihre Haut jeden Abend mit dieser Lotion.

Majoran

Origanum majorana – Lippenblütler (auch Wurstkraut, Mairan)

Botanisches: Die ursprüngliche Heimat dieser 20 bis 60 cm hohen, aromatischen Pflanze liegt in Nordostafrika und Südwestasien. An den verzweigten Stängeln sitzen ovale Blättchen. Diese sind graugrün, manchmal rötlich und leicht behaart. Von Juni bis September erscheinen an den Stängelspitzen kleine weiße, rosa oder lilafarbene Blüten.

Inhaltsstoffe: Ätherisches Öl, Gerb- und Bitterstoffe

Anbau: In unseren Breiten wächst Majoran nur einjährig. Säen Sie ihn im März in kleine Aussaatschalen und decken Sie ihn nur leicht mit Erde ab. Nach den Eisheiligen, also Mitte Mai, pflanzen Sie ihn ins Freiland. Alternativ können Sie ihn ab Mitte Mai gleich in Reihen mit 20 bis 25 cm Abstand ins Freiland säen. Später werden immer drei Pflanzen in Abständen von 15 cm zusammengepflanzt. Majoran braucht für sein Wachstum viel Sonne und Wärme. Durchlässige, leichte, aber dennoch nährstoffreiche Böden mit Kompost sind ein idealer Untergrund. Schwere Lehmböden müssen Sie intensiv vorbereiten. Majoran verträgt Trockenheit gut. Im Handel sind zwei Sorten erhältlich: Der Französische

oder Blattmajoran ist kräftiger und besitzt mehr Blätter, bildet aber bei uns selten Samen. Der Deutsche oder Knospenmajoran wächst in unserem Klima besser und kommt schneller zur Reife.
Ernte: Kurz vor der Blüte erntet man die Triebspitzen und Blättchen.
Verwendung: Majoran gelangte erst im 16. Jahrhundert nach Mitteleuropa. Wahrscheinlich lag dies auch an seiner Frostempfindlichkeit. Immer wieder wurde nämlich von Überwinterungsproblemen mit dieser sehr wärmebedürftigen Pflanze berichtet. Der mit dem Oregano eng verwandte Majoran bildet im warmen Mittelmeerklima ausdauernde kleine Sträucher.

Majoran fördert den Appetit, regt die Magensaftproduktion an, trägt zu einer problemlosen Verdauung bei und hilft bei schmerzhaften Darmkrämpfen. Ein **Majorantee** lindert Magen-Darm-Störungen. Dafür übergießen Sie 1 Esslöffel getrockneten Majoran mit 2 Tassen heißem Wasser, lassen abgedeckt einige Minuten ziehen und filtern dann ab. Ein **Bad** mit einem Majoranaufguss entspannt und beruhigt. Majoran ist auch Bestandteil einer Schnupfensalbe für Säuglinge und Kleinkinder. Ferner rundet er Potpourris mit seinem würzigen Geschmack ab.

Majoran besitzt ein süßliches Aroma und ist aus der industriellen Wurstherstellung nicht mehr wegzudenken. Er passt hervorragend in Suppen, deftige Eintöpfe, Kartoffelgerichte, Salate, Pasteten, Lamm- und Lebergerichte sowie Schweine- und Gänsebraten. Majoran wird erst im letzten Drittel der Garzeit zugefügt.

Omas Rezept
Majoran-Bratkartoffeln

- rohe Kartoffeln, geschält
- Fett zum Braten
- Salz und Pfeffer
- frischer Majoran, abgezupft (je nach Geschmacksintensität 1–2 EL)

Die Kartoffeln in Würfel schneiden und im heißen Fett kräftig anbraten. Nach etwa 10 Minuten mit Salz, Pfeffer und einer großzügigen Portion Majoran würzen. Alles noch etwa 10 Minuten weiterbraten, bis die Kartoffeln gar sind.

Tipp: Majoran-Bratkartoffeln sind eine schmackhafte Beilage zu kurz gebratenem Fleisch oder zu Spinat mit Spiegelei. Sie schmecken aber auch für sich allein sehr gut.

Meerrettich

Armoracia rusticana – Kreuzblütler (auch Kren, Waldrettich, Bauernsenf, Rachenputzer)
Botanisches: Die Heimat dieser bis zu 120 cm hohen Pflanze ist Südrussland. Im übrigen Europa, in Westasien und Nordamerika ist Meerrettich eingebürgert. Die Staude hat eine dicke, bei kultivierten Pflanzen fleischige Wurzel und bis zu 1 m lange Blätter. Die Stängelblätter können zum Teil auch fiederspaltig sein. Ab dem zweiten Jahr erscheint ein Blütenstand mit zahlreichen kleinen, weißen, duftenden Blü-

Frisch geriebener Meerrettich passt zu vielen herzhaften Gerichten.

ten. In Kultur fruchtet der Meerrettich selten.
Inhaltsstoffe: Ätherisches Öl, Senfölglykosid, Vitamin C, Mineralstoffe
Anbau: Meerrettich benötigt einen tiefgründigen, nahrhaften Boden mit gleichmäßiger Feuchtigkeit. Er braucht viel Platz, auch müssen die Wurzeln gut in den Boden hineinwachsen können. Im Herbst bereitet man den Boden für die Pflanzung im März vor. Das Beet muss tief gelockert und mit Kompost, Hornspänen und einer Mulchschicht abgedeckt werden. Besitzen Sie nur einen kleinen Kräutergarten, dann pflanzen Sie den Meerrettich an eine Stelle, wo er ungestört jahrelang bleiben und sich vermehren kann, zum Beispiel am Kompost oder neben eine Hecke. Dicke Meerrettichstangen erfordern eine aufwändige Kultur: Entfernen Sie von jedem dünnen Wurzelableger (Flechser) die Seitenwurzeln. Diese legen Sie dann schräg so in die vorbereiteten Beete, dass der Kopf des Wurzelstückes mit der Erdoberfläche abschließt. Der Abstand zwischen den einzelnen Pflanzen beträgt 20 cm, der Reihenabstand 80 cm. Im Juni decken Sie die Wurzeln

auf und entfernen erneut die Seitentriebe. So züchten Sie eine einzige starke Wurzel pro Pflanze. Die Flechser erhalten Sie in Spezialgärtnereien.
Ernte: Von den wild wachsenden Meerrettichstauden werden so viele Wurzelstücke während des Sommers abgeschnitten, wie man für die Würze in der Küche benötigt. Für den Wintervorrat werden die Wurzeln im Herbst ausgegraben und in einem kühlen Keller in feuchtem Sand aufbewahrt.
Verwendung: Diese seit dem 12. Jahrhundert in Mitteleuropa verbreitete Pflanze ist ein regelrechter Kulturflüchtling geworden. So findet man sie häufig an Straßengräben und auf Schuttplätzen. In der Volksmedizin wird Meerrettich gegen Verdauungsstörungen, Gelenkerkrankungen und rheumatische Beschwerden eingesetzt. Durch seinen hohen Gehalt an Mineralstoffen und Vitamin C beugt er auch Erkältungskrankheiten vor. Er wirkt antiseptisch, regt den Kreislauf an und hilft bei verstopfter Nase. Aber Vorsicht: Meerrettich reizt Haut und Schleimhäute. Deshalb sollten Schwangere sowie Nieren- und Schilddrüsenpatienten sehr behutsam mit ihm umgehen. Die Hautrötungen, die er bei äußerlicher Anwendung verursacht, fördern die Durchblutung und damit den Heilungsprozess.

In der Küche ist Meerrettich ein Gewürz mit zwei Gesichtern. Er bringt Genießer zum Lachen, Japsen und Niesen. Frisch geriebener Meerrettich ist eine pikante Beilage zu kaltem Braten, gekochtem Rindfleisch, Schinkenröllchen, Würstchen und Räucherlachs. Er passt ferner gut zu Salaten, Eiern oder auch gekochtem Fisch. Seine Schärfe lässt sich durch etwas Sahne abmildern.

Monarda

Monarda didyma – Lippenblütler (auch Etagenblume, Indianernessel, Rote Melisse, Scharlachgoldmelisse, Oswego Tea)
Botanisches: Die Monarda ist im Osten der USA beheimatet. Ihre kantigen Stängel wachsen 80 bis 100 cm hoch. Die spitzen Blätter sind am Rand regelmäßig gezähnt. Von Juni bis Oktober erscheinen die in Quirlen angeordneten roten bis rosa Blüten. Die Wurzeln verlaufen flach unter der Erde.
Inhaltsstoffe: Ätherische Öle, unter anderem Thymol und Karvakrol
Anbau: Die Monarda gedeiht am besten in der Sonne, nimmt aber auch mit leichtem Schatten vorlieb. In feuchtem, humusreichem Boden wachsen die Stauden besonders gut, sie verträgt aber auch trockenere Standorte. Vor dem Pflanzen gibt man reichlich Kompost und etwas organischen Dünger ins Pflanzloch. Setzen Sie die Monarden in Gruppen mit einem Abstand von 30 bis 40 cm zwischen den Pflanzen. So wirken die Indianernesseln besonders dekorativ und ihre roten Federbüschel leuchten schon von weitem. Jungpflanzen bekommen Sie nur in Spezialgärtnereien, Saatgut gibt es inzwischen auch im normalen Fachhandel. Die zahlreichen Zuchtformen der Monarda sind für Heilzwecke jedoch wertlos.
Ernte: Frische Blätter werden den ganzen Sommer über gepflückt. Für den Wintervorrat erntet man die Blätter kurz vor der Blüte und trocknet diese an einem schattigen und luftigen Ort.

Monarda hilft bei Verdauungsproblemen. Die Blüten sind ein Blickfang im Garten.

Verwendung: Die nordamerikanischen Oswego-Indianer brauten aus Monardenkraut einen kräftigen Tee. Auch die weißen Siedler griffen nach dem Teesturm von Boston im Jahre 1773 während des amerikanischen Unabhängigkeitskrieges zu diesem Getränk.

Tee aus getrockneten Blättern fördert die Verdauung, in der Schweiz trinkt man ihn auch bei Unterleibserkrankungen und Husten. Übergießen Sie dafür 1 bis 2 TL getrocknetes Kraut mit 1 Tasse heißem Wasser, lassen abgedeckt 5 bis 10 Minuten ziehen und filtern dann durch ein Teesieb ab. Monardentee schmeckt ein wenig rauchig. Ist Ihnen der Geschmack zu streng, verkürzen Sie einfach die Ziehdauer.

Einen erfrischenden Sommertee bereitet man aus den grünen Blättern zu. Besonders gut schmeckt er kalt mit einer Zitronenscheibe. Frische Monardenblätter verleihen auch Obstsalaten, Fruchtsäften oder Gelees eine aparte Note. Ihr würziger Duft erinnert leicht an Thymian. Auch die dekorativen Blüten können Sie für Tees oder Salate verwenden.

Die ganze Pflanze verströmt einen Duft nach Orange und Minze und eignet sich daher hervorragend für Duftsäckchen oder Potpourris.

Oregano

Origanum vulgare – Lippenblütler (auch Dost, Dorant, Wohlgemut)

Botanisches: Die in Europa und Asien heimische, aromatisch duftende Pflanze erreicht eine Höhe von 20 bis 90 cm. Die Stängel der Pflanze sind meist rötlich-braun gefärbt. Die eiförmigen Blätter sind fein behaart und drüsig punktiert. Von Juli bis September erscheinen rosa oder weiße Blüten in doldig-rispigen Blütenständen. Der Wurzelstock ist reich verzweigt und bildet verholzte Ausläufer.

Inhaltsstoffe: Ätherische Öle, Gerb- und Bitterstoffe

Anbau: Der in Nordeuropa im Saum von Gebüschen und Wäldern wachsende Oregano ist nicht so aromatisch wie der in Südeuropa. Geben Sie Ihrer Pflanze den wärmsten und sonnigsten Platz im Garten. Der Boden sollte trocken, durchlässig und nicht so nährstoffreich sein. In Steingärten gedeiht dieses anspruchslose Gewürzkraut oft besser als im Kräuterbeet. Oregano wird im Frühjahr in Reihen mit 25 cm Abstand ausgesät. Später verzieht man die Jungpflanzen auf 20 bis 25 cm Abstand. Wesentlich einfacher ist es jedoch, sich eine Jungpflanze zu kaufen. Spezialgärtnereien bieten verschiedene Sorten an. Große Pflanzen können Sie auch durch Wurzelausläufer vermehren. In rauen Gegenden brauchen die Pflanzen einen Winterschutz. Oregano ist eine gute Bienenweide.

Ernte: Oregano erntet man kurz vor der Blüte, dann ist seine Würzkraft am stärksten. Einzelne Triebspitzen und Blättchen können Sie aber den ganzen Sommer über pflücken.

Verwendung: Im Mittelalter wehrte man mit »Wohlgemut« den Teufel ab. Vermutlich rührt dieser Name daher, dass die Pflanze bei »gebrochenem Lebensmut« zum Einsatz kam. In der Volksheilkunde findet der appetitanregende, verdauungsfördernde Oregano Anwendung bei Husten, Keuchhusten und Bronchialkatarrh. Ferner hilft ein **Tee** bei Durchfall, Galle-, Magen- und Darmbeschwerden sowie als Gurgellösung bei Hals- und Zahnfleischentzündungen sowie Erkältungen. Übergießen Sie dafür 1 bis 2 TL getrocknetes Kraut mit 1 Tasse kochendem Wasser, lassen 5 Minuten abgedeckt ziehen und filtern dann ab. Als Hustentee süßen Sie ihn mit Honig, ansonsten wird er ungesüßt getrunken.

Bei aufkommenden Erkältungen wirkt auch ein **Oreganobad** wahre Wunder. Hierfür übergießen Sie 100 g getrockneten Oregano mit 1 l kochendem Wasser und geben diesen Extrakt nach 15 Minuten zum Badewasser. Oreganoöl sollte während der Schwangerschaft nicht benutzt werden, da es den Eintritt der Monatsblutung fördert.

Oregano ist ein unentbehrliches Würzkraut und hat vielerlei Heilwirkungen.

In der Mittelmeerküche ist Oregano unentbehrlich. Dieses geschmacklich zwischen Thymian und Majoran liegende Würzkraut entfaltet sein eigentliches Aroma erst beim Garen. Oregano passt hervorragend zu allen Mittelmeergerichten sowie zu Tomaten, Auberginen, Zucchini, Paprika, Suppen, Soßen, Nudeln und Fleischgerichten. Oregano lässt sich gut mit Basilikum, Rosmarin, Thymian und Petersilie kombinieren.

Das würzige Kraut wird weiterhin gerne für Trockensträuße, -kränze und Potpourris verwendet.

Petersilie

Petroselinum crispum – Doldengewächs (auch Peterling, Suppenkraut, Federselli)

Botanisches: Die Heimat der 30 bis 100 cm hohen Pflanze ist vermutlich Südwestasien und das östliche Mittelmeergebiet. Die dunkelgrünen Blättchen sind je nach Kultursorte verschiedenartig gefiedert, unterschiedlich zerteilt oder kraus. Die unscheinbaren grüngelben Blüten erscheinen von Juni bis Juli. Die Samen ähneln denen des Kümmels und reifen von August bis September.

Inhaltsstoffe: Ätherisches Öl, Terpene, Flavonoide, Vitamin A und C, Magnesium, Eisen; in der Wurzel auch Polyine; besonders in den Samen giftiges Apiol

Anbau: Petersilie ist zweijährig. Im ersten Jahr der Aussaat bildet die Pflanze lediglich eine lange, möhrenähnliche Wurzel, aus der eine Blattrosette treibt. Erst im zweiten Jahr wachsen Stängel und erntefähige Blätter. Petersilie benötigt einen nahrhaften, tiefgründigen, humusreichen Boden im Halbschatten. Frischen Dünger verträgt die Pflanze überhaupt nicht.

Die kälteunempfindliche Petersilie können Sie schon im März ins Freiland säen. Kompost als Dünger und ein gut gemulchter Boden sind die besten Voraussetzungen für das Beet. Säen Sie in Reihen mit 10 bis 15 cm Abstand. Verwenden Sie Radieschen als Markierungssaat, denn Petersilie braucht 3 bis 4 Wochen, bis sich das erste Grün zeigt. Wenn Sie die Pflanzen in den Wintermonaten mit Reisigzweigen abdecken, können Sie den ganzen Winter über frisches Grün ernten. Pflücken Sie nie die Herzblätter, sondern immer nur die äußeren Blätter. So kann die Pflanze ständig nachwachsen und die Erntezeit verlängert sich.

Die Pflanze ist mit sich selbst unverträglich. Sie darf also nicht 2 Jahre nacheinander am selben Standort ausgesät werden. Nur ein ständiger Fruchtwechsel garantiert gesunde und üppig wachsende Pflanzen. Empfehlenswert für ein gesundes Wachstum ist auch eine Mischkultur, etwa mit Tagetes. Für Ihren Kräutergarten können Sie zwischen verschiedenen Sorten wählen. Die Krausblättrige Petersilie ist weniger aromatisch, dafür aber dekorativer als die Glattblättrige. Ferner gibt es auch noch Wurzelpetersilie.

Petersilie ist in der Küche unverzichtbar und sehr gesund.

Achten Sie jedoch darauf, Ihre Petersilie im Garten nicht mit der giftigen Hundspetersilie (*Aethusa cynapium*) zu verwechseln. Denn auch die Krausblättrige Petersilie bringt nach einiger Zeit wieder normale Blätter hervor. Ein gutes Unterscheidungsmerkmal ist jedoch der widerliche, an Knoblauch erinnernde Geruch.
Ernte: Petersilie hält sich gewaschen und trockengetupft einige Tage im Kühlschrank. Sie können die Stängel auch wie einen Blumenstrauß ins Wasser stellen. Petersilie lässt sich sehr gut einfrieren. Beim Trocknen hingegen verliert sie ihr Aroma, deshalb sollten Sie immer frisch ernten. Wurzelpetersilie wird im Spätherbst ausgegraben.
Verwendung: Petersilie wurde bereits 820 im Klostergarten zu St. Gallen kultiviert. Man vermutet, dass die Benediktinermönche sie über die Alpen brachten. Auch in der »Capitulare de villis« (siehe Seite 7) wird sie genannt. Hildegard von Bingen widmete dieser Pflanze im 12. Jahrhundert viel Raum in ihren Veröffentlichungen.

Die bereits im Altertum für medizinische Zwecke genutzte Heilpflanze wird heute weltweit angebaut. Sie wirkt appetitanregend, wassertreibend und blähungslindernd. Ferner soll sie bei Gelbsucht, Lebererkrankungen, Zellulitis, Gicht und Rheumatismus helfen. Nach einem üppigen Festessen hilft ein **Tee** aus frischer Petersilie dem überlasteten Magen. Übergießen Sie dafür 1 bis 2 Teelöffel fein geschnittene Blätter mit 1 Tasse kochendem Wasser, lassen abgedeckt 10 bis 15 Minuten ziehen und filtern dann durch ein Teesieb ab. Bei längerem oder zu hoch dosiertem Gebrauch kann der Inhaltsstoff Apiol jedoch das Nervensystem und den Magen-Darm-Trakt reizen und zu Vergiftungen führen. Diese Gefahr besteht nicht, wenn Sie Petersilie in normalen Mengen verwenden.

Gegen schlechten Atem, etwa nach Knoblauchgenuss, kauen Sie einfach einige Blättchen Petersilie. Sie lindert auch Insektenstiche, indem man die geschwollene Stelle fest damit einreibt.

Petersilie gehört zu den bekanntesten und wichtigsten Würzkräutern, auch unsere Großmütter kochten gerne damit. Das frische Kraut ist ganzjährig auf Wochenmärkten und in Lebensmittelgeschäften erhältlich. Petersilie wird fein gehackt und erst nach dem Kochvorgang an das jeweilige Gericht gegeben. Sie schmeckt frisch und süßlich-würzig, ihr aromatischer Geruch erinnert an Möhren. Petersilie ist Bestandteil des »Bouquet garni« der klassischen französischen Küche. Dieses Kräutersträußchen aus Basilikum, Kerbel, Lorbeer, Petersilie, Selleriegrün, Thymian und Estragon oder Rosmarin wird pur oder in einem Mullsäckchen mitgekocht und vor dem Servieren entfernt.

Pfefferminze

Mentha x piperita – Lippenblütler (auch Flohkraut, Katzenbalsam, Englische Minze)
Botanisches: Die Pfefferminze entstammt wahrscheinlich einer Kreuzung von Wasserminze (*Mentha aquatica*) und Ähriger Minze (*Mentha spicata*). Sie besitzt längliche, eiförmige Blätter mit einem leicht gezähnten Rand. Diese haben eine frische dunkelgrüne Farbe, manchmal sind sie auch rötlich-

Pfefferminze sollte im Garten nicht fehlen.

violett getönt. Die rosa bis violetten Blüten wachsen in langen, ährenartigen Blütenständen. Die Blütezeit dauert von Juli bis August. Die Minzen haben flach wachsende Wurzeln und bilden zahlreiche Ausläufer.

Es gibt einige wild wachsende Minzarten, die Mehrzahl wird jedoch kultiviert. Die gebräuchlichsten Edelminzen teilt man in drei Gruppen ein: mentholbetonte Minzen, wie die Englische Pfefferminze, fruchtbetonte Minzen, wie die Zitronenminze (*Mentha x piperita* var. *citrata*) oder die eigentlichen Pfefferminzen und schließlich samenechte Minzen, wie die Poleiminze (*Mentha pulegium*). Aus ihrem ätherischen Öl gewinnt man Menthol. Die Poleiminze wächst wild oder kultiviert im Mittelmeerraum. Nach Kaugummi schmeckt die Ährige oder Spearmint-Minze (*Mentha spicata*). Kaum eine Gattung bastardiert so leicht wie die Minzen, weshalb es heute auch eine Vielzahl von Hybriden gibt.

Inhaltsstoffe: Ätherisches Öl mit Menthol als Hauptbestandteil, Menthon, Gerbstoffe, Flavonoide
Anbau: Minzen mögen einen feuchten Standort im lichten und luftigen Halbschatten. Die Pflanzen gedeihen optimal auf leichten, humusreichen Lehmböden. Für ihr Wachstum benötigen sie reichlich Kompost und etwas organischen Dünger. Minzen neigen zum Wuchern, ihre Ausläufer können manchmal lange Strecken zurücklegen. Deshalb empfiehlt es sich, die Pflanzen in Frühbeetkästen oder Kübeln etwas einzugrenzen. Die Pfefferminze wird durch Wurzelableger oder Stecklinge vermehrt.
Ernte: Man erntet das ganze Kraut von Juni bis August. Minze sollte wegen ihres intensiven Duftes nicht mit anderen Pflanzen zusammen geerntet werden.
Verwendung: Der Duft der Minze wurde lange Zeit als Liebesmittel betrachtet. Im antiken Griechenland trug der Bräutigam zur Hochzeit ein Kränzchen aus Minze. In der gesamten Alten Welt war sie ein Symbol für leidenschaftliche Liebe, was sie auch in der Blumensprache bis ins 14. Jahrhundert hinein blieb. Die Minze wurde früh als stärkendes Arzneimittel für Körper und Geist genutzt. Sie ist eine der ältesten Heilpflanzen und sollte in keinem Garten fehlen.

Die Pfefferminze besitzt desinfizierende, krampflösende und schmerzstillende Eigenschaften. Sie hilft deshalb hervorragend bei Magenverstimmungen, Krämpfen, Gallenbeschwerden, schlechter Verdauung oder Blähungen. Auch bei Schnupfen oder Erkältungskrankheiten verschafft ein **Tee aus**

Pfefferminze Linderung. Dafür übergießen Sie 1 Esslöffel getrocknete Pfefferminzblätter mit 150 ml heißem Wasser und filtern nach 5 bis 10 Minuten ab. Süßen Sie den Tee nach Wunsch mit Honig oder Zucker und trinken Sie pro Tag 3 bis 4 Tassen warmen Tee. Wegen seiner belebenden und erfrischenden Wirkung sollten Sie vor dem Schlafengehen allerdings keinen Pfefferminztee mehr zu sich nehmen, da Sie sonst vielleicht eine schlaflose Nacht verbringen werden. Möchten Sie bei Verdauungsbeschwerden jedoch nicht auf Ihren Tee verzichten, mischen Sie die Pfefferminze mit Lindenblüten. Diese beruhigen nämlich. Säuglinge und Kleinkinder trinken besser keinen Pfefferminztee, denn sie können unter Umständen mit Erstickungserscheinungen reagieren.

Minzöl wird durch Destillation des ganzen Krautes gewonnen. Bei Rheuma lindern Einreibungen mit diesem Öl die Schmerzen. Auch bei Kopfschmerzen oder Migräne können Sie ihre Schläfen mit Minzöl betupfen. Achten Sie jedoch darauf, nichts in die Augen zu bringen. Handelsübliche Minzöle werden vorzugsweise aus der japanischen Minze (*Mentha arvensis*) hergestellt.

Als Küchenkraut passt Minze gut zu Lamm, Hackfleisch, Jogurt, Süßspeisen und Salatsoßen. Weiterhin eignet sie sich für Duftpotpourris.

Quitte

Cydonia oblonga – Rosengewächs

Botanisches: Der aus Südwestasien stammende Strauch oder Baum kann bis zu 8 m hoch werden. Die ovalen Blätter sind grau behaart. Im Mai und Juni erscheinen die zartrosa oder weißen Blüten. Die gelben Früchte sind behaart, apfel- oder birnenförmig und im Oktober pflückreif.

Quitten verströmen einen köstlichen Duft.

Inhaltsstoffe: Schleim- und Gerbstoffe, Blausäureglykosid Amygdalin, Pektin

Anbau: Diese alte Kulturpflanze wird heute weltweit kultiviert. Sie stellt an den Boden keine besonderen Ansprüche, wächst aber in tiefgründigen, lockeren, nicht zu trockenen Lehmböden besser. Sie ist sehr frostempfindlich und blüht spät. Ein sonniger Standort ist ideal, sie verträgt aber auch Halbschatten. Die Quitte ist sehr resistent gegen Krankheiten und Schädlinge.

Ernte: Die Früchte werden im Oktober gepflückt. Quitten sind lange lagerbar.

Verwendung: Bereits im 4. Jahrhundert v. Chr. lobte Hippokrates die Quitte für Heilzwecke. Ihr lateinischer Name *Cydonia* rührt wahrscheinlich von der antiken Stadt Kydonia auf Kreta. Die Quitte galt als Symbol für Liebe und Fruchtbarkeit. So bereitete

Omas Rezept Quitten-kompott

- Quitten (Menge nach Bedarf)
- etwas Wasser oder Weißwein
- Zucker oder Zimt nach Geschmack.

Die Quitten abreiben, schälen und vierteln. Dann das Kerngehäuse entfernen und die Viertel nochmals zerkleinern. Die Fruchtstücke mit dem Wasser oder Wein solange kochen, bis sie weich sind. Abkühlen lassen. Vor dem Servieren mit Zucker oder Zimt abschmecken.

man sie für junge Brautleute zu, damit sie viele schöne Kinder gebären sollten. Im Mittelmeerraum schmecken die Früchte aromatischer als im Norden, denn hier ist ihr Zuckergehalt höher.

Als Heilmittel benutzt man Quitten bei Schleimhauterkrankungen des Mund- und Rachenraums, bei Hustenreiz und Verstopfung. Äußerlich finden sie Verwendung bei Verbrennungen, rissiger Haut, Hämorrhoiden sowie als Salbengrundlage.

Diese nach Zitronen und Rosen duftenden Früchte besitzen einen herben Geschmack und ein frisches Aroma. Man kann sie zu Konfekt, Kompott, Marmelade, Gelee, Saft oder Likör verarbeiten.

Zwei bis drei Früchte, in eine Obstschale gelegt, verströmen wochenlang im Zimmer einen aromatischen Duft.

Salbei

Salvia officinalis – Lippenblütler (auch Edel-, Garten- oder Königssalbei, Götterspeise)

Botanisches: Die Heimat des Salbei ist der Mittelmeerraum. Der Halbstrauch erreicht eine Höhe von 30 bis 70 cm. Er hat dickliche, länglich-eiförmige, graufilzig behaarte Blätter, die sehr aromatisch sind. Die Blüten erscheinen von Juli bis August. Sie besitzen eine 2 bis 3 cm lange, meist violette Krone mit fünf bis zehn quirlig lockeren, ährenförmigen Blütenständen. Der Wurzelstock ist reich verzweigt.

Inhaltsstoffe: Ätherisches Öl mit hohem Thujon- und geringem Cineol-Gehalt, Bitter- und Gerbstoffe, Flavonoide

Anbau: Salbei gedeiht am besten an einem sonnigen, geschützten Plätzchen. Der Boden sollte gut durchlässig, nährstoffreich und trocken sein. Zu fette Erde mischt man mit Sand und verlegt eine Drainage. Geben Sie der Pflanze viel Kompost und etwas Kalk. Jungpflanzen werden im April ins Frühbeet oder ab Mai direkt ins Freiland gepflanzt. Halten Sie dabei einen Abstand von 30 bis 40 cm ein. Die Sträucher verholzen mit zunehmendem Alter, sorgen Sie deshalb immer für Nachwuchs. Stecklinge können Sie ganz einfach von erwachsenen Sträuchern ziehen.

Ernte: Frische Blätter erntet man laufend. Für den Wintervorrat werden die Blätter vor der Blüte gepflückt und getrocknet. Schneiden Sie aber nur so viele Blätter ab, dass die Pflanze vor Winterbeginn noch genügend neue Blätter entwickeln kann, um sich vor Kälte und greller Wintersonne zu schützen.

Omas Rezept
Verdauungswein

- *100 g Salbei*
- *1 l Rotwein*

Den Salbei 8 Tage im Wein ziehen lassen, dann abfiltern und in eine Flasche füllen.
Tipp: Dieses Rezept stammt vom Naturarzt Maurice Mességué. Man trinkt den stärkenden und anregenden Verdauungswein nach der Mahlzeit.

Salbei gibt es auch in attraktiven Farbvarianten.

Verwendung: Die hohe Wertschätzung, die man dem Salbei von alters her entgegenbrachte, zeigt sich schon in der Namensgebung: das lateinische »salvare« bedeutet heilen. Salbei wurde auch auf Gräber gestreut oder dort als ein Symbol des treuen Gedenkens angepflanzt.

Salbei ist eine alte Gewürz- und Heilpflanze mit einem unverwechselbaren, aromatischen Duft. Bei Erkältungen, die mit Halsentzündungen einhergehen, hilft **Salbeitee** (siehe Seite 49). Auch bei Zahnfleischbluten oder Entzündungen des Hals- und Rachenraums haben sich Spülungen mit Salbeitee bewährt. Bei Magen- und Darmbeschwerden trinkt man mehrmals täglich 30 Minuten vor den Mahlzeiten 1 Tasse Tee. Bereiten Sie diesen Tee nur mit 1/2 Teelöffel Salbei zu.

Neben Lavendel ist Salbei die einzige Heilpflanze, die übermäßigem Schwitzen entgegenwirkt. Bei Nachtschweiß trinken Sie 2 Stunden vor dem Zubettgehen 1 Tasse Tee. Salbeitee wirkt abstillend, weshalb er sich für stillende Mütter nicht unbedingt eignet. Doch ist er ein hervorragendes Mittel, um langsam abzustillen. Nehmen Sie Salbeitee jedoch nicht über einen längeren Zeitraum zu sich, denn die enthaltenen Thujone können auf Dauer giftig wirken.

In der Küche ist Salbei ein köstliches Würzkraut für fette Braten von Schwein, Gans oder Truthahn. Auch Wildbret wird durch ein Blättchen Salbei schmackhafter. Zu Kräuterkäse oder Gewürzsoßen gehört Salbei allein schon aus gesundheitlichen Gründen. Salbei wird mitgekocht und macht die Speisen bekömmlicher. Da er einen sehr intensiven, leicht bitteren Geschmack besitzt, verwendet man ihn nur in kleinen Mengen.

Sauerampfer

Rumex rugosus – Knöterichgewächs (auch Gartenampfer, Säuerling, Sauerknöterich)

Botanisches: Sauerampfer wird 30 bis 80 cm hoch. Er besitzt eine dünne, stark verästelte Pfahlwurzel und große, pfeilförmige Blätter. Die von Mai bis Juli erscheinenden Blüten sitzen auf hohen, leicht rötlichen Stielen und haben eine weiß-rosa Blütenrispe. Sauerampfer wächst in Mitteleuropa wild auf feuchten Wiesen und in Gräben.

Inhaltsstoffe: Kaliumoxalat (Kleesalz), Oxalsäure, Flavonglykosid, Vitamin C

Anbau: Die ausdauernde Pflanze verlangt einen sonnigen bis halbschattigen Platz und feuchten, humosen Boden. Ihr Wurzelstock sollte niemals austrocknen. Kaufen Sie in einer Gärtnerei eine Jungpflanze oder säen Sie Sauerampfer im Frühling oder August mit einem Reihenabstand von 25 cm aus. Erwachsene Pflanzen lassen sich durch Wurzelteilung vermehren.

Ernte: Die jungen und zarten Blätter werden fortlaufend geerntet. Bricht man die Blütenstängel immer rechtzeitig aus, verlängert sich die Erntezeit. Pflücken Sie jedoch nicht das Herz der Pflanze.

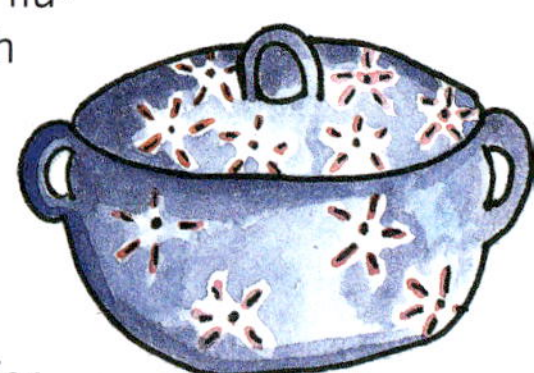

Verwendung: Die Volksmedizin verwendet Sauerampfer als appetitanregendes, blutreinigendes und harntreibendes Kraut. Besonders im Gebiet der Rhön fehlt Sauerampfer in keinem Garten. Pfarrer Kneipp schwor auf seine erfrischende, reinigende Wirkung und nutzte ihn für seine Frühjahrskuren. Empfindliche Menschen, Gicht- und Rheumakranke sollten jedoch keinen Sauerampfer essen, denn die enthaltene Oxalsäure ist in größeren Mengen gesundheitsschädlich. Beim Kochvorgang oder durch Milch wird die ge-

Omas Rezept

Kräutercremesuppe

- *einige frische Blätter Sauerampfer, Borretsch, Pimpinelle, Liebstöckel und Gewürzfenchel*
- *200 ml Milch oder Sahne*
- *150 g Frischkäse*
- *1 EL Butter*
- *1 EL Mehl*
- *1 l Gemüsebrühe*
- *1 Eigelb nach Wunsch*
- *gehackter Schnittlauch zum Bestreuen*

Kräuter, Milch oder Sahne und Frischkäse in einem Mixer schaumig schlagen. Aus Butter und Mehl in einem Topf eine Mehlschwitze bereiten und mit der Gemüsebrühe ablöschen. Anschließend das Kräuterpüree zugeben und kurz erhitzen. Nach Wunsch mit Eigelb legieren. Die Suppe dann nicht mehr kochen lassen, sonst gerinnt das Ei. Mit Schnittlauch bestreut servieren.

Tipp: Diese wohlschmeckende und gesunde Kräutersuppe können Sie auch mit anderen Kräutern der Saison zubereiten.

Sauerampfer enthält Oxalsäure.

löste Oxalsäure hingegen in unschädliches Kaliumoxalat umgewandelt und abgebaut.

Sauerampfer passt gut zu hellen Suppen, Soßen, Salaten, Fischfüllungen, Eieraufläufen und Kräuterquark.

Schafgarbe

Achillea millefolium – Korbblüter (auch Tausendblatt, Feldhopfen, Nasenbluter, Blutstill-, Holzfäller- oder Soldatenkraut)

Botanisches: Die Schafgarbe ist in Europa weit verbreitet. Hier wächst sie auf Wiesen, an Feldwegen und am Rande von Getreidefeldern. An ihrem 20 bis 80 cm langen, aufrechten Stängel sitzen längliche, gefiederte Blätter. Die 0,5 cm breiten Blütenköpfe wachsen am oberen Ende in meist fünf weißen bis rosafarbenen, schirmförmigen Scheindolden.

Inhaltsstoffe: Ätherisches Öl (Proazulen), Gerbstoffe, Flavonoide

Anbau: Die Schafgarbe ist recht anspruchslos und gedeiht fast überall an einem sonnigen, trockenen Standort. Auf gar keinen Fall verträgt sie jedoch schwere und feuchte Lehmböden. Solche Böden müssen mit Sand gemischt und mit einer Drainage aus Kies unter der Pflanzung aufgelockert werden. Sie können sich eine Jungpflanze in einer Spezialgärtnerei kaufen. Die Pflanzen werden in 30 cm Abstand gepflanzt und mit Kompost gedüngt. Die Schafgarbe passt gut in eine naturnahe Gartenwiese oder in eine Rabatte mit Wildblumencharakter. Ihre gelben und roten Zierformen sind für medizinische Zwecke wertlos.

Ernte: Von Juni bis September erntet man das obere, nicht verholzte Kraut mit den Blüten und hängt es kopfüber zum Trocknen in lockeren Sträußen auf. Aber Vorsicht bei der Ernte: Empfindliche Menschen reagieren auf die Pflanze mit Hautausschlägen (Wiesendermatitis).

Verwendung: Die Schafgarbe ist eine der ältesten Heilpflanzen. Schon 4000 v. Chr. nutzten die Chinesen sie für medizinische Zwecke. Hildegard von Bingen pries sie als Gesundmacher. Im Mittelalter hängte man sie in Fenster und Krankenstuben, weil man glaubte, ihr starker Duft halte die Pest fern. Ihr botanischer Name *Achillea millefolium* rührt angeblich von Achilles, der sie zur Heilung seiner Verletzungen benutzte. Schafgarbensaft stillt bei lokaler Anwendung die Blutung und fördert die Vernarbung.

Die Schafgarbe wirkt krampflösend. Sie ist ein bewährtes Frauenheilkraut.

Die Schafgarbe ist ein hervorragendes Frauenkraut, denn sie lindert Menstruationsschmerzen und mildert Beschwerden in den Wechseljahren. Sie löst weiterhin alle Arten von Organkrämpfen und heilt Hämorrhoiden. Eine Einschränkung gibt es jedoch: Bei bestehender Korbblütler-Überempfindlichkeit sollten Sie auf Schafgarbe verzichten. Auch eignet sich die Droge nicht für den Dauergebrauch.

Für einen **Tee** übergießen Sie 1 bis 2 Teelöffel getrocknete Blüten und Kraut mit 150 ml heißem Wasser, lassen abgedeckt 10 Minuten ziehen und filtern dann durch ein Teesieb ab. Von diesem Tee trinkt man drei- bis viermal täglich 1 Tasse. Verwendung findet er auch bei krampfartigen Magen-, Darm- und Gallestörungen, Magenkatarrh sowie zur Appetitanregung. Bei Menstruationsbeschwerden trinken Sie diesen Tee bereits 1 bis 2 Tage vor Einsetzen der Monatsblutung. Bei Nieren- oder Blasenkatarrh erhöht man mit dem Tee die Harnmenge. Bereiten Sie ihn für diese Anwendung allerdings mit 2 bis 3 Teelöffeln der Droge zu.

Bei krampfartigen Schmerzen im kleinen Becken vor oder während der Menstruation hilft ein **Sitzbad** mit Schafgarbe: Übergießen Sie dafür 100 g getrocknete Blüten und Kraut in einem großen Topf mit 20 l heißem Wasser. Lassen Sie den Ansatz abgedeckt 5 Minuten ziehen und filtern dann ab. Dehnen Sie das Sitzbad nicht länger als 20 Minuten aus.

Äußerliche Verletzungen oder Wunden behandelt man mit **Umschlägen** aus Schafgarbe. Dafür überbrühen Sie 10 g getrocknete Droge mit kochendem Wasser und lassen dies 20 Minuten abgedeckt ziehen. Tränken Sie dann ein Tuch mit diesem Aufguss und legen Sie es auf die Wunde.

Schafgarbe wird auch in der Küche als Wildgemüse und Würzkraut verwendet. Die jungen, zarten, aromatischen Frühlingsblätter schmecken klein geschnitten in Salat, Quark, Kräutersoßen, zu hart gekochten Eiern oder einfach aufs Butterbrot. Die jungen Blättchen sind sehr gesund und empfehlen sich für eine erfrischende, blutreinigende Frühjahrskur.

Schlehe

Prunus spinosa – Rosengewächs (auch Schwarz- oder Schlehdorn)

Botanisches: Der in Europa weit verbreitete, sparrige, bis zu 3 m hohe Strauch besitzt längliche Blätter, die 2 bis 5 cm lang und doppelt gesägt sind. Seine Zweige enden in Dornen. Die weißen Blüten erscheinen sehr früh im März vor dem Laubaustrieb. Im September und Oktober reifen kugelige und bereifte Früchte heran.

Inhaltsstoffe: In den Blüten Flavon- und Blausäureglykosid, Cumarinverbindungen; in den Früchten Gerbstoffe, Zucker, organische Säuren, Vitamin C, Farbstoffe

Anbau: Die als Busch oder Hecke wachsende Schlehe verlangt einen lockeren, tiefgründigen, warmen, nährstoff- und humusreichen Boden im Halbschatten oder in Lichtlagen. Sie ist als Vogelschutzgehölz und als Bienenweide sehr wertvoll. Allerdings verbreitet sie sich durch ihre Kriechwurzeln und Schösslinge sehr stark.

Ernte: Bevor man die Früchte sammelt, muss mindestens ein Frost über sie gegangen sein. Sonst sind sie zu sauer und somit ungenießbar. Wer nicht so lange warten möchte, legt die gesammelten Früchte über Nacht in den Gefrierschrank.

Schlehenbeeren müssen vor der Verarbeitung Frost bekommen haben.

Verwendung: Die Schlehe ist unser ursprünglichstes Obstgehölz und trägt auch heute noch ihren altgermanischen Namen. Bei Ausgrabungen fand man in Pfahlbauten der Jungsteinzeit Schlehenkerne. Die Volksmedizin setzt **Tee** aus Schlehenblüten als Abführ-, Blutreinigungs- und Hustenmittel ein.

Die Früchte verwendet man bei Rheuma, Verdauungsschwäche sowie zur Blutreinigung und zur Steigerung der allgemeinen Abwehrkräfte bei Erkältungen. Sie helfen auch als Gurgelmittel bei Mund- und Halsentzündungen. Hierbei wird der Saft oder mit Wasser verdünntes Mus verwendet.

Schnittlauch gedeiht im Winter gut auf der Fensterbank.

Die Früchte werden zu Marmelade, Wein, Schnaps oder Likör (siehe Seite 54) verarbeitet.

Schnittlauch

Allium schoenoprasum – Lauchgewächs (auch Binsen- oder Graslauch, Schnittling)

Botanisches: Die bis zu 30 cm hohe, ausdauernde Zwiebelpflanze besitzt grüne, röhrenförmige Blätter. Die lilafarbenen Blüten erscheinen von Juni bis August. Sie bilden dichte, kugelige Scheindolden, aus denen schwarze Samen reifen.

Inhaltsstoffe: Lauchöl, Mineralstoffe, Vitamin C

Anbau: Die wild im Bergland und auf feuchten Wiesen vorkommende Pflanze benötigt einen nahrhaften, humusreichen Boden. Geben Sie also gleich Kompost oder Hornspäne ins Pflanzloch. Ist der Boden trocken, verlangt die Pflanze ein halbschattiges Plätzchen, ist er feucht ein sonniges. Schnittlauch lässt sich problemlos im April oder August ins Freiland aussäen. Sobald die Pflänzchen größer sind, werden sie in Büscheln im Abstand von 20 cm auseinander gepflanzt. Dabei dürfen sie nicht tiefer gesetzt werden als vorher. Alternativ können Sie auch eine Jungpflanze in einer Gärtnerei kaufen und diese dann durch Teilung des Wurzelballens vermehren. In der Wachstumsphase erntet man nie mehr als ein Drittel der Halme, sonst wird die Pflanze zu stark geschwächt.

Im Winter gedeiht Schnittlauch gut auf dem Fensterbrett. Abgeerntete Pflanzen setzt man an einem frostfreien Tag in den Garten; dort treiben sie im Frühjahr wieder aus.

Ernte: Schnittlauch verwendet man stets frisch. Er lässt sich ohne weiteres einfrieren, zum Trocknen eignet er sich jedoch nicht.

Verwendung: Dieses Lauchgewächs, das bei uns das ganze Jahr über frisch im Handel erhältlich ist, verwenden die Chinesen schon seit 4000 Jahren. Es wurde auch bei uns früh in Kultur genommen und ist neben Petersilie die beliebteste und bekannteste Gewürzpflanze. Schnittlauch wirkt appetitanregend, verdauungsfördernd und harntreibend, weshalb er sich bestens für eine Frühjahrskur eignet.

Omas Rezept
Maibowle

- 1 Bund frisch gepflückter Waldmeister
- 1 Flasche Weißwein
- 3 EL Zucker
- 1 Flasche Sekt
- Orangenscheiben oder Walderdbeeren nach Wunsch

Den Waldmeister über Nacht antrocknen lassen (erst durch das Welken entwickelt sich sein feines Aroma). Den gut gekühlten Wein in ein Bowlegefäß gießen und mit dem Zucker vermischen. Jetzt den Waldmeister so hineinhängen, dass die Stängelenden nicht mit Flüssigkeit bedeckt sind. Diesen Ansatz 30 Minuten ziehen lassen. Den Waldmeister dann entfernen, den gut gekühlten Sekt zugießen und servieren. Die Bowle nach Wunsch mit Orangenscheiben oder Walderdbeeren abrunden.

Das Aroma von Schnittlauch liegt zwischen Zwiebeln und Lauch, mit denen er auch verwandt ist. Er passt hervorragend zu Rührei, Suppen, Soßen, Gemüse, Pilzen, gekochtem Rindfleisch, Seefisch, Quark, Pfannkuchen, Salaten oder einfach aufs Butterbrot. Er ist Bestandteil der »Fines herbes« (siehe Seite 82). Je feiner die Halme geschnitten werden, desto besser entwickelt sich das Aroma.

Waldmeister hat ein unvergleichliches Aroma.

Waldmeister

Galium odoratum – Rötegewächs (auch Herzfreund, Leberkraut, Maiblum)
Botanisches: Die in Europa und Asien weit verbreitete Pflanze wird 10 bis 30 cm hoch. Ihre Blätter sind in Scheinquirlen sternenförmig übereinander angeordnet. Die Stängel wachsen vierkantig. Im April und Mai erscheinen weiße, duftende Blüten in schirmartigen Blütenständen. Die oberirdischen Pflanzenteile sterben im Winter ab.
Inhaltsstoffe: Cumaringlykosid, das beim Trockenen durch Abspalten von Cumarin den typischen Duft erzeugt, Gerb- und Bitterstoffe, Vitamin C
Anbau: Waldmeister ist in Laub- und Mischwäldern zu Hause. Auch im Garten verlangt er ähnliche Verhältnisse. Setzen Sie ihn also in nährstoffreichen, lockeren, humosen und feuchten Boden im Halbschatten oder lichten Schatten, am besten unter Bäume oder Hecken. Mischen Sie Laubkompost unter die Erde. Waldmeister ist ein Flachwurzler. Da die Aussaat sehr kompliziert ist, kaufen

Sie lieber eine Jungpflanze in einer Gärtnerei. Wo es dem Waldmeister gefällt, breitet er sich sehr schnell aus.
Ernte: Waldmeister schneidet man vor der Blütezeit. Anschließend wird er zu kleinen Sträußen gebündelt und kopfüber zum Trocknen aufgehängt.
Verwendung: Waldmeister ist schon seit dem 9. Jahrhundert bekannt. 854 n. Chr. beschrieb der Benediktinermönch Wandelbertus aus Prüm erstmals die Sitte, ein Stärkungsmittel gegen die Mangelerscheinungen nach der langen Winterzeit zu trinken. Hierbei handelte es sich um nichts anderes als unsere heutige Maibowle.

Ein Tee aus getrocknetem Waldmeister gilt als ausgezeichnetes herz- und magenstärkendes Mittel. In der Volksheilkunde nutzt man die krampflösende und beruhigende Wirkung bei Leibschmerzen und Schlafstörungen. Für einen **Tee** übergießen Sie 1 TL Waldmeister mit 1 Tasse kochendem Wasser, lassen kurz ziehen und trinken dann schluckweise. Da sein Inhaltsstoff Cumarin Kopfschmerzen auslösen kann, sollten Sie nie überdosieren – und auch nicht zu viel Maibowle trinken.

Waldmeister passt gut zu Obstsalaten, Rohkost, süßen Aufläufen, Bowlen und Geleespeisen.

Rechte Seite:
Im Frühjahr bedeckt Bärlauch wie ein grüner Teppich den Waldboden.

Literatur

FISCHER-RIZZI, Susanne: Blätter von Bäumen, Legenden, Mythen, Heilanwendungen und Betrachtungen von heimischen Bäumen. H. Hugendubel Verlag, München 1993 (Irisiana).

HOHENBERGER, Eleonore: Heil- und Gewürzkräuter. Naturbuch Verlag, Augsburg 1993.

JENTSCHURA, Eva: Pflanzenfärben ohne Gift. Verlag Freies Geistesleben, Stuttgart 1998.

KREUTER, Marie-Luise: Kräuter und Gewürze aus dem eigenen Garten. BLV Verlag, München 2002.

MESSÉGUÉ, Maurice: Die Natur hat immer recht. Verlag Fritz Molden, Wien, München, Zürich 1973.

RECHT, Christine: Küchenkräuter selber ziehen. Gräfe und Unzer, München 1989.

RÜEGG, Karin; FEISST, Werner: Was die Großmutter noch wusste. Band 1. Müller Rüschlikon Verlags AG, Cham/Zug 1994.

SCHÖNFELDER, Peter und Ingrid: Der Kosmos-Heilpflanzenführer. Franck-Kosmos Verlag, Stuttgart 1995.

TREBEN, Maria: Gesundheit aus der Apotheke Gottes. Ennsthaler, Steyr 1982.

VOLK, Renate und Fridhelm: Kochen mit Kräutern. Verlag Eugen Ulmer, Stuttgart 2002.

WEISS, Rudolf Fritz; FINTELMANN, Volker: Lehrbuch der Phytotherapie. Hippokrates-Verlag, Stuttgart 1999.

WIEGELE, Miriam: Duftpelargonien. Verlag Eugen Ulmer, Stuttgart 2000.

Bildquellen

Fotos:
Oskar Angerer, München: Seite 70
Bayerische Staatsbibliothek, München: Seite 5
Hans E. Laux, Biberach/Riß: Umschlagfoto klein vorne rechts; Seite 4, 13, 14, 35, 37 (2), 46, 57, 18/19, 71, 88, 104, 106
Wolfgang Redeleit, Bienenbüttel: Umschlagfoto groß; Seite 28, 34, 39, 54, 55, 62, 74, 78, 81, 97, 105, 109, 117
Hans Reinhard, Heiligkreuzsteinach: Umschlagfotos klein vorne Mitte und links; Umschlagfotos hinten (3); Seite 2, 6, 7, 9, 17, 27, 30/31, 33, 41, 42, 44, 47, 50, 59, 66, 67, 68, 72, 76 (2), 79, 83, 84, 86, 91, 93, 94, 96, 99, 100, 102, 108, 111, 113, 114, 115, 116
Brigitte und Siegfried Stein, Vastorf: Seite 20
Friedrich Strauß, Au-Hallertau: Seite 25, 60
Fridhelm Volk, Stuttgart: Seite 119

Zeichnungen:
Die Zeichnungen auf den Seiten 3, 22 und 23 stammen von Kerstin Heß, Stuttgart. Alle übrigen Zeichnungen stammen von Sara Laukner, Stuttgart.

Bezugsquellen

Lanolin und hochwertige Trockenkräuter erhalten Sie in der Apotheke. Kräuter für den Garten gibt es bei:

Blauetikett Bornträger GmbH
In den Aspen
67591 Offstein
Tel.: 0 62 43/90 53 26
Fax: 0 67 43/90 53 28
E-Mail: blauetikett@web.de
Internet: www.blauetikett.de

Dehner GmbH & Co. KG
Donauwörther Str. 5
86641 Rain
Tel.: 0 90 90/77-0
Fax: 0 90 90/77-71 53
E-Mail: info@dehner.de
Internet: www.dehner.de

Rühlemanns
Kräuter & Duftpflanzen
Auf dem Berg 2
27367 Horstedt
Tel.: 0 42 88/92 85 58
Fax: 0 42 88/92 85 59
E-Mail: info@ruehlemanns.de
Internet: www.ruehlemanns.de

Stegmeier Gartenbau
Duftpelargonien
Unteres Dorf 7
73457 Essingen
Tel.: 0 73 65/23-0
Fax: 0 73 65/68 72
E-Mail: info@pelargonien-stegmeier.de
Internet: www.gaertnerei-stegmeier.de

Syringa
Duft- und Würzkräuter
Bachstraße 7
78247 Hilzingen-Binningen
Tel.: 0 77 39/14 52
Fax: 0 77 39/6 77
E-Mail: info@syringa-samen.de
Internet: www.syringa-samen.de

Register

Die **fett** gedruckten Seitenzahlen verweisen auf die Pflanzenporträts.

Bibliografische Information der Deuschen Bibliothek
Die Deutsche Bibliothek verzeichnet diese Publikation in der Deutschen Nationalbibliografie; detaillierte bibliografische Daten sind im Internet über http://dnb.ddb.de abrufbar.

ISBN 3-8001-3936-7

Haftung:
Die Autoren und der Verlag haben sich um richtige und zuverlässige Angaben bemüht. Fehler können jedoch nicht vollständig ausgeschlossen werden. Eine Garantie für die Richtigkeit der Angaben kann daher nicht gegeben werden. Haftung für Schäden und Unfälle wird aus keinem Rechtsgrund übernommen.

Wollgrasweg 41
70599 Stuttgart (Hohenheim)
E-Mail: info@ulmer.de
Internet: www.ulmer.de
Printed in Germany
Lektorat: Petra Teetz, Anke Ruf
Herstellung und DTP: Thomas Eisele
Druck und Bindung: aprinta Druck, Wemding

Weitere Bücher über Kräuter.

Kräuter runden nicht nur viele Gerichte ab, sie verleihen vielen Speisen erst ihren ganz typischen Geschmack. In diesem Buch erfahren Sie, zu welchen Zutaten sie passen, welche Teile der Pflanzen verwendbar sind und wie sie auf den menschlichen Organismus wirken. Bei der riesigen Rezeptauswahl wird man sicherlich fündig.
Kochen mit Kräutern. R. Volk, F. Volk. 2002. 127 Seiten, 127 Farbfotos. ISBN 3-8001-3273-7.

Dieses Buch zeigt alle nötigen Handgriffe von der Aussaat bis zur Pflanzenüberwinterung, von der Ausgestaltung von Kräuterfenstern und -ecken mit den unterschiedlichsten Gefäßformen bis zur Herstellung von Duftkissen und Lavendelkörbchen.
Der Kräutergarten auf Balkon und Terrasse. M. Wiegele. 2000. 96 Seiten, 76 Farbf., 20 Zeichn. ISBN 3-8001-3135-8.

Die besten Aromapflanzen, ihre fachgerechte Pflege und ihre vielfältigen Einsatzmöglichkeiten in der Küche und im Garten werden in diesem Buch vorgestellt.
Aromagärten. Anlegen, genießen, pflegen. E. Lebleu. 2. Aufl. 2002. 64 S., zahlr. Abb. ISBN 3-8001-3837-9.

Dieses Buch stellt über 80 Pflanzen vor, die als Gewürz verwendet werden können: Kräuter, Samen, Früchte, Knollen, Rinden und vieles mehr. Beschrieben werden Herkunft, Anbau, Gewinnung und Verarbeitung und ihre Verwendung in der Küche. Wie man Würzmischungen, Würzpasten und Würzsossen, die vor allem mit den asiatischen Gerichten zu uns kamen, selbst mischen und verwenden kann, wird hier ebenfalls beschrieben.
Gewürze aus aller Welt. B. Beutner. 1999. 128 S., 63 Farbf. ISBN 3-8001-6899-5.